ZOLLSCHULD

UND

WARENHAFTUNG

VON

DR. IUR. MARTIN ZSCHUCKE

LEIPZIG
VERLAG VON VEIT & COMP.
1909

Leipziger juristische Inauguraldissertation

Druck von Metzger & Wittig in Leipzig.

Inhalt.

Literaturverzeichnis.

Annalen des Kgl. Sächs. Oberlandesgerichts zu Dresden.

Archiv für öffentliches Recht, herausgegeben von LABAND, MAYER und STOERK, jetzt von JELLINEK, LABAND, MAYER und PILOTY. Tübingen 1885ff.

BEHR, Zollpflicht und freier Verkehr im Archiv für öffentliches Recht, Bd. XIV, S. 176—198.

BEHR, Zollausschlüsse und freie Niederlagen, ebenda Bd. XVI, S. 1ff.

BOCCIUS, Der Rechtsweg für Streitigkeiten über Reichsabgaben, Zeitschrift für Zollwesen Bd. I, S. 2—13, 35—43.

BEHR, Zollstreitsachen, ebenda Bd. VI, S. 1—6, 41—43.

BINDING, Handbuch des Strafrechts Bd. I. Leipzig 1885.

BINDING, Lehrbuch des gemeinen deutschen Strafrechts, Besonderer Teil, I. Bd., 2. Aufl. Leipzig 1902. II. Bd., 1. Hälfte, 2. Aufl.; 2. Hälfte (1. Aufl.) Leipzig 1904.

BOLLING, Der Begriff des Zolles im Archiv für Strafrecht, begründet durch GOLDTAMMER, fortgesetzt von MEVES, DALCKE und MUGDAN, Bd. 41, S. 120 bis 124 (Berlin 1893).

Codex Augusteus oder Neuvermehrtes Corpus Juris Saxonici, herausgegeben von JOH. CHRISTIAN LÜNIG. Leipzig 1724. 2 Bände. Dazu zwei Fortsetzungen.

COSACK, Lehrbuch des deutschen bürgerlichen Rechts, 4. Aufl. Jena 1903.

DERNBURG, Pandekten, 7. Aufl. Berlin 1902f.

Entscheidungen des Reichsgerichts in Zivilsachen und in Strafsachen. Leipzig 1880ff.

Entwurf und Denkschrift zum Vereinszollgesetz in den „stenographischen Berichten über die Verhandlungen des durch die Allerhöchste Verordnung vom 23. Mai 1889 einberufenen Deutschen Zollparlaments“ mit Anlagen 1—39. Berlin 1869 (MOESER); S. 36 der Anlagen.

GREINER, Die Zollpflicht, Zeitschrift für Zollwesen Bd. II, S. 235—237.

GREINER, Nochmals die Zollpflicht, ebenda Bd. VII, S. 86—93.

HAUSBRAND, Zur Revision des Vereinszollgesetzes, Zeitschrift für Zollwesen, Bd. II, S. 420, 65—83, 211—220, Bd. VII, S. 185—197, 233—242.

HAUSBRAND, Zur Systematik des Zollverwaltungsrechts, Zeitschrift für Zollwesen Bd. III, S. 1—11, 33—48.

HAIMANN, Die rechtliche Natur der subsidiarischen Vertretungsverbindlichkeit dritter Personen nach den Zoll- und Steuergesetzen des Deutschen Reichs (Diss.). München 1892.

HAVENSTEIN, Die Zollgesetzgebung des Reichs, 2. Aufl. Berlin 1906 (abgekürzt: HAVENSTEIN, Zollgesetzgebung).

HEIDECKER, Exponierte Zollstellen, Zeitschrift für Zollwesen Bd. VII, S. 146 bis 152, 197—208, 242—253.

v. HECKEL, Artikel „Zölle, Zollwesen" im Handwörterbuch der Staatswissenschaften, herausgegeben von CONRAD, ELSTER, LEXIS und LÖNING, 2. Aufl. Jena 1901, Bd. VII, S. 965—989, besonders S. 976ff.

HOFFMANN, Deutsches Zollrecht, I. Bd. Leipzig 1902.

HOFFMANN, Die öffentlichrechtliche Verjährung nach den Abgabegesetzen des Deutschen Reichs, in HIRTHS Annalen Bd. XXXI, S. 184—220.

HOFFMANN, Die Haftung des Zollgutes, Zeitschrift für Zollwesen Bd. I, S. 67—76.

KUNCKEL, Dingliche und persönliche Zollpflicht, Zeitschrift für Zollwesen Bd. II, S. 33—39.

LABAND, Das Staatsrecht des Deutschen Reiches, 4. Aufl. Tübingen und Leipzig 1901.

LÖBE, Das deutsche Zollstrafrecht, 3. Aufl. Leipzig 1901.

MAYER, Deutsches Verwaltungsrecht. Leipzig 1895, 1896.

MAYER, Theorie des französischen Verwaltungsrechts. Straßburg 1886.

MAYER, Eisenbahn und Wegerecht im Archiv für öffentliches Recht Bd. XVI, S. 38—87, 203—243.

MAYER, Der gegenwärtige Stand der Frage des öffentlichen Eigentums im Archiv für öffentliches Recht Bd. XXI, S. 499—522.

LUSENSKI, Der zollfreie Veredelungsverkehr. Berlin 1903.

v. MAYR, Artikel „Zollabgaben" in v. STENGELS Wörterbuch des deutschen Verwaltungsrechts. Freiburg i. B. 1890. Bd. II, S. 937 ff.

MEYER, GEORG, Lehrbuch des deutschen Verwaltungsrechts. Bd. II. 2. Aufl. Leipzig 1894.

MEYER, GEORG, Lehrbuch des deutschen Staatsrechts. 6. Aufl. Bearbeitet von ANSCHÜTZ. Leipzig 1905.

MOTHES, Die Beschlagnahme nach Wesen, Arten und Wirkung. (Diss.) Leipzig 1903.

ROSCHER, System der Finanzwissenschaft. 5. Aufl. von GERLACH. Leipz. 1901.

SOHM, Institutionen. 11. Aufl. Leipzig 1903.

STEPHANY, Die Haftung des Eisenbahn-, Post- und Zollfiskus für die Beschädigung und den Verlust der zur Zollabfertigung gelangenden Güter, Zeitschrift für Zollwesen, Bd. IV, S. 193—198.

v. STAUDINGERS Kommentar zum Bürgerlichen Gesetzbuche und dem Einführungsgesetze. 3. u. 4. Aufl. München 1907 f.

TRAUTVETTER, Das neue deutsche Zolltarifrecht. Berlin 1905.

WACH, Handbuch des Deutschen Zivilprozeßrechts. Bd. I. Leipzig 1885.

Zeitschrift für Zollwesen und Reichssteuern, herausgegeben bis mit Band IV von KUNCKEL, seitdem von HAUSBRAND. Berlin 1901ff. (abgekürzt: „Zeitschrift").

Die Abhandlung von LAMP, Die Person des Zollschuldners in der Zollrechtsgeschichte, Tübingen (MOHR) 1908, konnte leider nicht mehr berücksichtigt werden, da sie mir erst während des Drucks bekannt geworden ist.

§ 1.

Einleitung.

Der Staat ist ein Rechtssubjekt, das ein seßhaftes Volk zusammenfaßt unter einer obersten Gewalt. Es liegt in seinem Wesen, daß er tätig werde für die Gemeinbedürfnisse des Volkes. Die Mittel, deren es zu dieser Tätigkeit bedarf, verschafft er sich auf zwei verschiedenen Wegen. Einmal nämlich tut er es, indem er Erwerbsgeschäfte abschließt wie ein Privatmann, indem er Domänen verwaltet und Forsten bewirtschaftet, indem er Eisenbahnen betreibt und Salinen ausbeutet. In allen diesen Fällen befriedigt der Staat seine Bedürfnisse auf privatwirtschaftlichem Wege und bewegt sich dabei in den Formen des Privatrechtsverkehrs. Da aber kein Staat auf diese Weise genügend Mittel aufbringen kann, um sich für seine Aufgaben lebens- und leistungsfähig zu erhalten, so muß er in dieser Selbsterhaltung eine neue Aufgabe für sich finden und diese lösen, indem er die ihm eigentümliche Gewalt selbständig zugunsten seiner Einnahmen verwendet.[1] Kraft dieser Gewalt fordert er von seinen Untertanen, daß sie ihm zur Förderung seiner Einnahmen behilflich seien, indem er ihnen Steuern auferlegt. Wie nun das gesamte Wirtschaftssystem der Neuzeit sich als ein System der Geldwirtschaft darstellt, so ist auch der Staat zur Bestreitung seines Bedarfs auf Geldbesitz angewiesen und der Staatshaushaltsplan eine Gegenüberstellung von Geldsummen, in welche Einnahmen und Ausgaben zurückgeführt sind. In den Lehrbüchern der Nationalökonomie findet sich denn auch die Steuer durchweg als eine Geldzahlung definiert,[2] und es wird allenthalben anerkannt, daß wirtschaftlich die Steuerpflicht stets auf eine Geldzahlungspflicht

[1] Vgl. O. Mayer, Deutsches Verwaltungsrecht § 26, Bd. I, S. 378.

[2] Vgl. z. B. Neumann, Die Steuer und das öffentliche Interesse S. 395.

hinausläuft.[1] Daneben aber ist in der Rechtswissenschaft die Meinung vertreten worden, als ob gewisse Abgaben durch die Gesetzgebung so geregelt worden seien, daß das Ziel, dem Staate Geld zuzuführen, nur auf einem Umwege erreicht werde. Es soll danach der Staat nicht direkt Geld von seinen Untertanen fordern, sondern eine in ihrem Eigentume oder sonst zu ihrer Verfügung stehende Sache mit seiner hoheitlichen Gewalt ergreifen und diese für sich verwerten, falls nicht freiwillig ein Untertan ihm eine Geldsumme zahlt und so die Sache auslöst. Diese Meinung hat sich fast nirgends ernstlich gezeigt bei den sogenannten direkten Steuern, d. h. denjenigen, bei welchen der Zahlungspflichtige zugleich der Träger der Steuer ist.[2] Der Grund dafür liegt darin, daß diese Steuern nicht direkt aus dem Gesetz, sondern nur „auf Grund eines den Einzelfall bestimmenden, ausdrücklich bindenden Ausspruchs“ zur Erhebung gebracht werden.[3] Indem man diese rechtliche Eigentümlichkeit zur Grundlage der Definition gemacht hat, ist gleichzeitig ein neuer, scharfer, juristischer Begriff der direkten Steuer dem oben gegebenen der Nationalökonomie an die Seite gestellt worden. Weil der bei diesen Steuern zur jedesmaligen Einhebung als selbständige Grundlage gehörige Verwaltungsakt stets ausspricht, daß der Pflichtige zur Zahlung eines bestimmten Geldbetrages verbunden sein soll, ist hier der Gedanke, daß die Steuer verdinglicht worden sei, kaum möglich gewesen. Denn wenn auch Georg Meyer in seinem Lehrbuch des deutschen Verwaltungsrechts (2. Aufl., Bd. II S. 228) von der preußischen Grundsteuer sagt, sie habe den Charakter einer Grundrente oder Reallast angenommen, weil sie bis 1893 ein für allemal nach dem bei der ersten Aufstellung gefundenen Grundstücksreinertrag bei sich stets gleichbleibendem gesetzlichen Steuersatze erhoben werden sollte, so darf dies doch nur als Bild und Gleichnis verstanden werden; immer ist hier die persönliche Verpflichtung zur Zahlung das Ziel und die Hauptsache.[4] Auch

[1] Siehe dazu Laband, Staatsrecht, 4. Aufl., Bd. IV, S. 434, Anm. 3.

[2] Roscher, System der Finanzwissenschaft Bd. I, 5. Aufl., S. 28, 192 a. a. O.

[3] O. Mayer, Deutsches Verwaltungsrecht Bd. I, S. 395.

[4] O. Mayer, Deutsches Verwaltungsrecht Bd. I, S. 398, Note 15; a. M. anscheinend G. Meyer, Lehrbuch des deutschen Verwaltungsrechts Bd. II, S. 228.

dadurch wird hieran nichts geändert, daß bei der Zwangsversteigerung des Grundstücks die Bezahlung der Steuer aus dem Versteigerungserlöse verlangt werden kann. Denn das Grundbuch bleibt dieser Last verschlossen, und nur wegen einer solchen Last kann die Zwangsversteigerung unmittelbar betrieben werden. Auch die Vollstreckung wegen rückständiger Grundsteuer setzt daher voraus, daß wegen derselben vorerst eine Sicherungshypothek im Wege der Zwangsvollstreckung eingetragen werde, was in Sachsen sogar erst zulässig ist, nachdem die Zwangsvollstreckung in das bewegliche Vermögen erfolglos versucht worden ist.[1] Darin aber zeigt sich klar, daß die Grundsteuer nicht eine Abgabe aus dem Grundbesitz ist, sondern eine Abgabe von dem Grundbesitze, der nur Grundlage für ihre Berechnung und Erhebung, nicht aber selbst Mittel zu ihrer Tilgung ist.

Dagegen hat man für die indirekten Steuern, deren Gegensatz zu den direkten juristisch darin besteht, daß sie ohne vorgängigen besonderen Verwaltungsakt unmittelbar aus dem Gesetze eingehoben werden,[2] geleugnet, daß hier die persönliche Zahlungspflicht das juristisch Wesentliche sei. Diese Ansicht ist zuerst für das Zollrecht von Laband[3] verfochten worden, indem er erklärte, die Zollpflicht laste „nicht nach Art einer Obligation auf einem bestimmten Schuldner, sondern nach Art eines dinglichen Rechts auf einer bestimmten Ware“ und hat ebenso viele Anhänger[4] wie Gegner gefunden. Nun zeigt schon ein Blick auf die §§ 13 und 14 des Vereinszollgesetzes vom 1. Juli 1869, daß aus dem Zollrechte dem Staate Ansprüche von zweierlei Art erwachsen, Ansprüche, die befriedigt werden müssen einerseits durch „Entrichtung des Zolles“, anderseits durch „Haftung“ der Ware. Daneben ergeben §§ 21f. und § 36 des Vereinszollgesetzes zur Sicherung des staatlichen Rechtes auf Einwirkung auf die Ware einen weiteren Anspruch des Staates, den man als ein Recht auf

---

[1] Siehe sächs. Gesetz vom 9. September 1843, Gesetz- und Verordnungsblatt 1843 S. 101.

[2] O. Mayer, Bd. I, S. 395.

[3] Deutsches Staatsrecht, 4. Aufl., Bd. IV, S. 434.

[4] Siehe unten § 3.

ordnungsmäßige Gestellung des Zollgutes bezeichnet hat.[1] Während nun aber diesem Rechte auf Gestellung der Ware der hilfsrechtliche Charakter[2] nirgends bestritten wird, herrscht über das Verhältnis der andern beiden Rechte und der ihnen entsprechenden Pflichten und Gebundenheiten in der Wissenschaft heftiger Streit. Dieses Verhältnis ist nun in dreifacher Weise denkbar: Es könnte sein, daß sowohl die Zahlungsverpflichtung als auch die Warenhaftung zugunsten des Staates unabhängig voneinander und gleichberechtigt nebeneinander gestellt wären.[3] Es wäre ferner denkbar, daß die persönliche Schuld voranstünde und daß ihr nur in hilfsrechtlicher, akzessorischer, durch sie bedingter Weise die Haftung des Zollgutes angegliedert wäre.[4] Schließlich wäre noch möglich, daß sich der Zollanspruch des Staates zunächst in jener Gebundenheit der Ware erschöpfte und eine besondere persönliche Zahlungsverbindlichkeit nur durch einen von außen hinzutretenden Verpflichtungswillen entstehen könnte.[5]

Da alle drei dieser Grundauffassungen als in unserem Vereinszollgesetze anerkannt erklärt werden, so muß zunächst an die Würdigung der geäußerten Ansichten herangetreten werden, ehe eine Erkenntnis des Wesens der Warenhaftung und ihrer Wirkungen möglich ist. Zuvor aber hat ein Überblick über die Geschichte des Zollbegriffes zu erweisen, für welche Auffassung sie spricht.

---

[1] A. Hoffmann, Die Haftung des Zollgutes, Zeitschr. Bd. I, S. 67.

[2] Ebenda S. 67.

[3] So wesentlich Behr, Archiv für öffentliches Recht Bd. XIV, S. 176ff.

[4] So Hoffmann, Die Haftung des Zollgutes, Zeitschr. Bd. I, S. 67ff.

[5] So Laband, Das Staatsrecht des Deutschen Reiches Bd. IV § 123 und ihm folgend Kunckel, Zeitschr. Bd. II, S. 33f.; Hausbrand, Zeitschr. Bd. III, S. 1ff., Bd. V, S. 4ff.

Erster Abschnitt.

Dingliche oder persönliche Zollpflicht?

§ 2.

Die Geschichte des Zollbegriffs.

I. Der Streit darüber, ob man in der Zollzahlung die Begleichung einer persönlichen Schuld des Wareneinbringers oder die freiwillige Ablösung einer auf einer beweglichen Sache ruhenden Last zu sehen habe, konnte erst im 19. Jahrhundert auftauchen, da die Regeln des früheren Rechtes jeden Zweifel an der persönlichen Natur der Zollpflicht unmöglich machen.[1]

Das römische Recht kannte in ältester Zeit keine Grenzzölle in unserem Sinne, sondern nur Gebühren, die wirtschaftlich eine ähnliche Wirkung hatten, und zwar traten diese vornehmlich als portoria, Hafenzölle für die Benutzung von Häfen, auf.[2] Die Erhebung dieser Gebühren geschah durch publicani, die das Recht dazu vom Staate durch Zahlung einer Pachtsumme erkauften und die Abgaben von den Schiffsherren auf eigene Rechnung eintrieben. Grenzzölle kommen erst in diokletianischer Zeit[3] vor; die Einnahmen daraus fließen in die largitiones sacrae, die kaiserliche Gnadenkasse, aus der der Kaiser vor allem ständige oder vorübergehende Spenden an Beamte oder Soldaten gewährte. Die Zollpflicht entstand bei der Überschreitung der

---

[1] Interessant ist der Hinweis bei Bücher, Entstehung der Volkswirtschaft, 4. Aufl., S. 95, daß die Wurzeln des Zolles in den Geschenken zu erblicken seien, die durchziehende Reisende schon vor Entstehung von Staat und Zollrecht üblicherweise dem Dorfherrn zu entrichten hatten, dessen Gebiet sie passierten. So geschieht es noch in Afrika. Daraus ergibt sich ebensowohl, daß dieses Geschenk rein persönlicher Natur ist, als die Tatsache, daß das Gebührenartige, das lange Zeit den Zöllen später anhaftet, ursprünglich nicht dazu gehörte.

[2] Mommsen, Abriß des römischen Staatsrechts, S. 32 und S. 249. — Nach A. Hoffmann, Deutsches Zollrecht, Bd. I, S. 1 bleibt portorium das ganze Mittelalter hindurch der rein lateinische Ausdruck für Zoll.

[3] Mommsen, Abriß S. 359.

Grenze mit einer Ware, auf die ein Zoll gelegt war, in der Person des Warenführers. Daher entstand sie nicht, wenn die Sache ohne den Willen einer Person über die Grenze gelangte, z. B. wenn ein flüchtiger Sklave gegen den Willen seines Herrn die Grenze überschritt (§ 4 l 16 D. 39, 4). Hieraus erhellt klar, daß bei den Römern die Zollpflicht eine persönliche Schuld des Warenführers war. Dem steht nicht entgegen, daß die Strafe der Defraudation darin bestand, daß mit deren Begehung das Eigentum an dem jetzt commissum genannten Zollgute ipso iure auf den Zollberechtigten überging;[1] denn dieser zur Strafe erfolgende Eigentumsübergang kraft Gesetzes setzt kein schwächeres dingliches Recht des Staates voraus, das zunächst allein bestanden hätte und infolge der Hinterziehung zum Eigentume „konvaleszierte" wäre.[2] Auch aus dem Worte vectigal läßt sich nichts entnehmen, was auf eine Verdinglichung der Zollpflicht bei den Römern schließen ließe. FESTUS definiert allerdings: „Vectigal aes appellatur, quod praeter tributum et equestre et hordiarium populo debetur", so daß danach unter die Bezeichnung vectigal jede Abgabe fällt, „die von einem bestimmten derselben unterworfenen Gegenstande entrichtet werden muß im Gegensatze zu einer der Person oder ihrem gesamten Vermögen auferlegten."[3] Allein damit ist nur eine Einteilung der Steuern nach den Tatsachen gegeben, an die die Zahlungspflicht angeknüpft wird, diese selbst aber wird als Mittelpunkt des ganzen Instituts gefaßt, indem sie als „aes", als Geldschuld bezeichnet wird, die „geschuldet" ist. Auch der von BEHR[4] beigebrachte Beweis für seine Be-

---

[1] l 14 D. 39, 4 sagt „quod commissum est, statim desinit eius esse qui crimen contraxit dominiumque rei vectigali adquiritur; vgl. auch PUCHTA, Pandekten, 10. Aufl., § 152.

[2] Was BEHR, Zollpflicht und freier Verkehr, Archiv für öffentl. Recht Bd. XIV, S. 198 behauptet.

[3] PUCHTA, Kursus der Institutionen, 10. Aufl. von KRÜGER, Leipzig 1893, Bd. II, S. 237, Note a zu § 245.

[4] „Zollpflicht und freier Verkehr", Archiv für öffentl. Recht Bd. XIV, S. 197, Note 60, wo er die l 7 pr. D 39, 4 anzieht, welche lautet: Imperatores Antoninus et Verus rescripserunt, in vectigalibus ipsa praedia, non personas conveniri et ideo possessores etiam praeteriti temporis vectigal solvere debere eoque exemplo actionem si ignoraverint, habituros.

hauptung, das römische „vectigal" sei eine „dingliche Abgabe" gewesen, ist nicht schlüssig. Denn die von ihm angezogene Quellenstelle handelt von der auf einem praedium lastenden öffentlichen Abgabe, die allerdings nach Art einer Reallast auf das Grundstück gelegt ist. Handelt es sich aber schon hier um eine Ausnahmebestimmung, da das römische Recht sonst Reallasten auf Grundstücken nicht anerkennt,[1] so ist vollends der Schluß abzuweisen, daß es reallastartige dingliche Verbindlichkeiten auf bewegliche Sachen gelegt habe, was auch keine Quellenstelle ausdrücklich statuiert. Im Gegenteil bestätigen das oben gewonnene Ergebnis, die Römer hätten in der Zollabgabe nichts anderes gesehen, als eine persönliche Schuld des Wareneinbringers an den Staat, zahlreiche Quellenstellen, welche von „exigere", „solvere" und „debere vectigal" reden.

II. Ob das alte deutsche Reich die Zollverfassung und das Zollrecht des Römerreiches zu dem seinen gemacht oder ob es auf deutschrechtlicher Grundlage ein eigenes Zollrecht hervorgebracht hat, ist bestritten.[2] Selbst wenn man aber die Herübernahme des römischen Zollrechts in das fränkische Reich bejaht, so hat sich doch der materielle Zollbegriff alsbald in deutschem Sinne umgebildet. Abgesehen davon, daß eine einseitig auferlegte Leistung des einzelnen für die Bedürfnisse der Gesamtheit ohne im einzelnen hervortretende Gegenleistung dem germanischen Rechtsempfinden von der persönlichen Freiheit der Volksgenossen widersprach, mußte auch die Auffassung des Zolles als einer Steuer und einer Grenzabgabe einem Reiche unverständlich sein, das die Bedürfnisse des Staatshaushaltes aus den Erträgnissen des Königsgutes deckte, ohne der Steuern zu bedürfen, und das einen Handelsverkehr über seine Grenzen hinaus so gut wie nicht kannte. So bildete sich der Grundsatz aus, daß nur für die Inanspruchnahme einer besonderen öffentlichen Einrichtung eine

---

[1] Vgl. Stobbe, Handbuch des deutschen Privatrechts, 2. Aufl., Bd. II, S. 240; C. F. v. Gerber, Gesammelte juristische Abhandlungen Bd. II, S. 230, Note (Jena 1872); Puchta, Kursus der Institutionen Bd. II, S. 270, Note a).

[2] Für Anknüpfung an das römische Recht tritt besonders ein Schröder, Lehrbuch der deutschen Rechtsgeschichte, 5. Aufl., S. 199; dagegen u. a. Hoffmann, Deutsches Zollrecht Bd. I, S. 2ff.

Abgabe, die man Zoll nannte, erhoben werden dürfe, während dies untersagt war an Orten, „in quibus nullum adiutorium itinerantibus praestatur“,[1] untersagt „in campo plano, ubi nec pons nec traiectus est.“ Dem Gebührencharakter dieses Zolles entsprach es, daß er um so höher war, aus je weiterer Entfernung die Ware herzugebracht wurde, je länger also für sie die Straße benutzt worden war,[2] und ihm ist nicht zuwider, daß dem Könige allein das Recht zu seiner Erhebung zustand. Denn der Handel folgte den Heerstraßen, deren Herr der König war und für deren Herstellung und Erhaltung er allein zu sorgen hatte.[3] Die Zölle des ganzen Mittelalters sind „transture“,[4] Straßensteuern, die als Entgelt für die Erleichterung des Warentransports gefordert und daher nur geschuldet waren, wenn eine Zollstätte berührt wurde, anderseits aber auch gezahlt werden mußten, so oft dies der Fall war.[5] Als Gebühr war der mittelalterliche Zoll eine rein persönliche Abgabe, für die die Ware ursprünglich überhaupt nicht in Betracht kam. War doch der für den Passierzoll nächstliegende Erhebungsmaßstab, der zunächst auch allein verwendet wurde, der nach dem Transportmittel: die Traglast (onus unius hominis), die Saumlast (sauma) und die Wagenladung oder Schiffsladung (plaustrum, carrada).[6] Später allerdings wurde der Zoll nach Warengattungen abgestuft,[6] doch blieb man sich dabei fort und fort bewußt, daß die Ware nicht die Trägerin der Zollverbindlichkeit, sondern lediglich Maßstab

---

[1] Capitulare von 805 (Mon. Germ. L. L. I 134), zitiert auch bei Hoffmann, Deutsches Zollrecht I, S. 2, Note 7, woselbst noch andere, Gleiches besagende Belege.

[2] Hoffmann, ebenda S. 13.

[3] Hoffmann, Deutsches Zollrecht I, S. 2, 5.

[4] Karl Heinrich Lang, Historische Entwicklung der deutschen Steuerverfassungen, Berlin und Stettin 1713, zählt für das frühere Mittelalter, die Zeit der „Heerbannsmiliz“ (nach S. 24f.), folgende Zölle auf: rivaticum, pontaticum, cespitaticum, pulveraticum (letzteres für die Dämme und den Kies der Straßen), pedagium, saumaticum, rotaticum, vultaticum, themonaticum, laudaticum, foraticum, mestaticum, ripaticum, portaticum, salutaticum, burganaticum, tranaticum, plateaticum und falangaticum.

[5] Hoffmann I S. 3, 12.

[6] Hoffmann I S. 12f.

für die Höhe der zu erhebenden Abgaben sei. Dies kommt noch klar zum Ausdruck in der von PÜTTER[1] gegebenen Begriffsbestimmung, wonach „vectigal (Zoll)" heißt, „quod vi supremae potestatis inter liberas gentes dirigendi commercii causa pro sola libertate transeundi vel transvehendi non tantum pro numero personarum iumentorumve, sed etiam pro (nach) pondere seu valore mercium imprimis exigi potest." Die Beförderungsmittel und Waren waren in älterer Zeit nicht die einzigen Grundlagen der Zollerhebung; vielmehr unterlagen ursprünglich nur Kaufleute[2] der Zahlungspflicht, die als solche in den verschiedenen Quellenstellen stets klar hervorgehoben wird. Daß man unter diesen Gebührenzöllen rein persönliche Abgaben verstand, wird auch dadurch bewiesen, daß man mit dem gleichen Namen auch die Beträge bezeichnete, welche für den Schutz einer Person als „Leibzoll" gefordert wurden, und daß man sie als völlig gleichartig mit den späteren Geleiten[3] empfand, die eine Vergütung nicht bloß für die Benutzung der Straße waren, sondern auch für die unbehelligte Führung des Transports und die Unversehrtheit der Person und die den Zoll mit einschlossen, was noch besonders durch die Kollektivbezeichnung „Zoll und Geleit" hervorgehoben wurde. An dem Charakter der Zölle als kraft persönlicher Verpflichtung geschuldeter Abgaben änderte es nichts, daß sie ursprünglich meist in einem Teile der Ware bezahlt wurden,[4] wie dies der Naturalwirtschaft jener Zeit entsprach. Ebensowenig ließ aber diese ein Rechtsinstitut dahin aufkommen, daß der ganze Warenvorrat zur Sicherung des an den Zoll-

[1] Institutiones iuris publici Germanici, ed. VI, Göttingen 1802, § 337. — Allerdings bedeutet die PÜTTERsche Definition bereits insofern einen Fortschritt der Auffassung, als hier der Zoll nicht mehr als reine Gebühr gefaßt wird; als eine Gegenleistung des Staates für den Zoll ist die „libertas transeundi vel transvehendi" natürlich nicht gemeint.

[2] HOFFMANN I S. 10; daselbst ist Note 4 eine Urkunde Konrads I. abgedruckt, nach der „thelonei debitum" ... „debet persolvi a cunctis qui cum mercatus sui mercimonio ab universis provinciis et civitatibus illuc conveniunt", und eine Urkunde Konrads III., wonach „theloneum a nullo exigi debet nisi a mercatoribus, qui causa negotiandi vadunt et redeunt."

[3] HOFFMANN I a. a. O. S. 2, 31.

[4] HOFFMANN, Deutsches Zollrecht I, S. 13.

berechtigten abzugebenden Teiles diene, das praktische Bedürfnis dazu konnte sich nicht geltend machen, da ja Zahlungs- und Sicherungsmittel gleichzeitig in den Machtbereich des Berechtigten gekommen wären. Daß auch die Zahlung in Naturalien echte Zahlung aus persönlicher Verpflichtung war, ergibt sich daraus, daß bisweilen der Zoll in Gegenständen zu entrichten war, die aus der Gegend, aus der die Ware stammte, gemeinhin als Handelsgut herangebracht wurde.[1] Nur im Wege der Konfiskation, also auf Grund eines ihm erwachsenen Strafrechts, konnte der Zollberechtigte oder Geleitsberechtigte ein unmittelbares Recht an der Ware selbst erlangen. Die Konfiskation als Strafe für Zoll- und Geleitshinterziehungen erscheint für die Zeit nach der Rezeption des römischen Rechtes als in ganz Deutschland geltendes Recht.[2] Allein gerade die Fassung der einschlägigen Strafbestimmungen läßt klar erkennen, daß hier nicht ein schon bestehendes dingliches Recht zum Eigentum sich verstärkt, sondern daß die persönliche Verpflichtung des Zollenden und ihr entsprechend die Gegenleistung des Berechtigten im Mittelpunkte stehen.[3] Zum Beweise für diese Behauptungen sei auf einige Bestimmungen des späteren sächsischen Rechts Bezug genommen. Die kurfürstlich sächsischen Mandate vom 4. August 1560, 30. November 1567 und 29. September 1568 (diese für die sogenannte „Hohe Straße" von Frankfurt a. M. nach Leipzig), der Befehl vom 12. Mai 1564 (für die Straße Plauen im Vogtl. nach Zwickau), die Mandate vom 26. April 1581, 31. Juli 1592 und 11. März 1607 (für die Straße von Polen und Schlesien nach Leipzig), verordnen, daß, wer die Geleitsstraßen umgehe, des besonderen Schutzes verlustig gehe, woneben ihn Konfiskation der Waren oder Beförderungsmittel treffe. Ganz klar wird der persönliche Charakter des staatlichen Abgabenanspruchs durch den Wortlaut der Geleitsordnung Kurfürsts Johann Georgs III. für die Ämter Schwarzenberg, Grünhain, Wolkenstein, Lauterstein,

---

[1] Hoffmann, Deutsches Zollrecht I S. 13.

[2] Hoffmann, Deutsches Zollrecht S. 18; vgl. auch daselbst S. 16, Note 7 und S. 69.

[3] Lünig, Codex Augusteus Bd. II, S. 1163, 1164, 1166ff., 1169ff.

Frauenstein und Altenberg vom 15. März 1660,[1] in der die Einnehmer angewiesen werden, daß sie „von allen und jeden Handels-, Fuhr- und anderen Leuten, so die Straßen aus dem Königreiche Böhmen oder sonsten in unsere Lande halten und von denen dahin wieder zufahren, das geordnete Geleit . . . unnachlässig fordern und einbringen.“ „Ungebühr“ des Zollpflichtigen macht ihn strafbar; und zwar sollen ihn die Einnehmer strafen und „zuvor sie derhalben Richtigkeit getroffen, von dannen nicht kommen lassen.“ Dagegen sollen bei vorsätzlicher „Verschleiffung“ des Zolles die Defraudanten „angehalten und nach Beschaffung der vorsätzlichen Verbrechung entweder um Pferd, Wagen, Viehe oder derjenigen Güter und Waren, so sie nicht verrechtet, unnachlässig bestraft werden und derselben verlustig sein.“ Vermutlich war hier Eigentum des Defraudanten an den Waren Voraussetzung der Konfiskation dieser Waren, sonst entzog man ihm nur die Transportmittel, die im Zweifel stets sein Eigentum waren. Daß die Strafe der Konfiskation nicht berechtigt, auf eine Verdinglichung dieses unseres Gebührenzolls zu schließen, erhellt schließlich auch daraus, daß, falls der einer Verdinglichung schlechterdings unfähige sogenannte Leibzoll der Juden hinterzogen wurde, ebenfalls ihre Güter konfisziert werden konnten (Befehl vom 4. Mai 1803).[2] Auch dadurch ward an der dargetanen Natur des Zolles nichts geändert, daß man ihn auch dann als geschuldet ansah, wenn nicht die eigentliche Zollstraße, sondern ein Nebenweg, der sog. Beiweg, benutzt und so die Zollstraße umgangen war. Denn kraft einer Fiktion galt dieser sog. Wehrzoll immer noch als eine für die Benutzung der Zollstraße zu entrichtende Gebühr,[3] unterstand daher auch den sonstigen Regeln des Zolls.

III. Von den bisher besprochenen und als persönliche Zahlungsverbindlichkeit eines Pflichtigen dargetanen mittelalterlichen Gebührenzöllen und Geleiten führt kein direkter Entwicklungsgang zum Vereinszollgesetz. Sie sind vielmehr zugrunde

---

[1] Codex Augusteus Bd. II, S. 1119ff.

[2] Codex Augusteus, 2. Fortsetzung, Bd. II, S. 1181.

[3] Vgl. Hoffmann, Deutsches Zollrecht Bd. I, S. 3f.

gegangen ungefähr um dieselbe Zeit, wie das alte deutsche Reich, dem sie theoretisch bis zuletzt als zustehend zugeschrieben wurden, das aber längst sich ihrer größtenteils durch Belehnung entäußert hatte, die ihm verbliebene Kontrolle nicht mehr auszuüben imstande war und weder verhindern konnte, daß neu aufkommende Zollgerechtigkeiten aus der Landeshoheit hergeleitet wurden, noch daß diese später mit aller Energie auf die Aufhebung dieser Gebührenzölle hinarbeitete.[1] Die unmittelbare Vorläuferin des modernen Zolles ist vielmehr in einer Abgabe zu suchen, die von Anfang an in der Form einer Steuer vom Warenverkehre aufgetreten ist, der Akzise.

Es ist hier nicht der Ort, auf die verschiedenen Arten von Abgaben einzugehen, die man unter dem Namen der Akzise zusammengefaßt hat, vielmehr genügt es festzustellen, daß sich darunter auch solche befanden, die wirtschaftlich die Funktion unserer modernen Grenzzölle verrichtet haben. Daß man eine besondere Rechtsform dieser Zollabgaben nicht ausbildete, hing wesentlich mit der Unmöglichkeit zusammen, die Landesgrenzen so scharf zu bewachen, daß eine wirksame Durchsetzung eines für den Staat statuierten Zollanspruchs möglich gewesen wäre.[2] Man sah sich daher genötigt, die Abgaben im Inlande zu erheben, am Orte ihres Verbrauchs oder ihres Umsatzes, ein Grundsatz, der auch für die Ausgangsabgaben nicht durchbrochen wurde, deren Erhebung an den Toren der Städte geschah. Die Art und Weise aber, wie die Verpflichtung zur Zahlung der Akzise in den Gesetzen und Verordnungen ausgesprochen wird, läßt deutlich erkennen, daß die Zahlungspflicht einer bestimmten Person — des Importeurs, Exporteurs, Käufers oder Verkäufers einer Ware — die Hauptsache war, die Festhaltung und Beschlagnahme der Ware aber nur für den Fall eintrat, daß Verdacht einer Hinterziehung der Abgabe begründet war. Als Beispiel sei hier die Landakzise des Kurfürstentums Sachsen angezogen, die nach der schließlichen Ausgestaltung, die sie auf Grund des Mandats vom

---

[1] Vgl. dazu Georg Meyer, Lehrbuch des deutschen Verwaltungsrechts, 2. Aufl., Bd. II a. a. O. S. 211.

[2] Wuttke, Die Einführung der Landakzise und der Generalkonsumtionsakzise im Königreich Sachsen. Heidelberger Dissert. Leipzig-Reudnitz 1890.

19. März 1670 und den bis zum Jahre 1682 ergangenen Zusätzen erhalten hatte,[1] zu erheben war:

1. auf alle ausländischen eingeführten Waren und zwar vom Importeur;

2. auf alle in- und ausländischen Handelswaren beim jedesmaligen Umsatze und zwar in der Regel vom Verkäufer;

3. auf alle inländischen exportierten Waren vom Exporteur.[2] Was die Eintreibung dieser rein persönlichen Abgaben anlangt, so waren die Einnehmer angewiesen, falls sie das Vorliegen eines „Unterschleiffs" argwöhnten, und nur dann, „die Verdächtigen Anfangs mit der Visitation zu bedrauen, und da es nicht verfänget, mit Anhaltung derer Waren und da der Unterschleiff sich findet, mit Contrabandieren zu verfahren." Sofort wird aber klar, daß nur zur Sicherung der Abgabenpflicht jenes Recht, die Ware anzuhalten, besteht, wenn zur Befolgung der kurfürstlichen Akzisordnungen zur Vermeidung von Strafen ermahnt werden „alle und jede Handelsleute, Kramer, so wohl Fuhrleute und männiglich, wer etwas an ermeldeten Landaccisen abzugeben schuldig."[3] — In ganz ähnlicher Weise war die preußische Akzise nach der revidierten Steuer- und Konsumtionsordnung vom 2. Januar 1684 ausgebildet, die insofern teilweise in der Form der Erhebung an unsere gegenwärtigen Zölle und Übergangsabgaben erinnerte, als eine örtliche Bewegung der Ware den Zeitpunkt der Fälligkeit der Zollschuld bestimmt. So wird die Eingangs- und Nachschußakzise beim Eingange der Waren in eine Stadt, die Großhandlungsakzise bei der Weiterführung bisher noch nicht akzisierter Waren aus einer Niederlage eingefordert.[4] Nur ist die entscheidende Bewegung noch nicht die über die Landesgrenze, daher ist auch eine Scheidung der auf ausländische und inländische Waren gelegten Abgaben noch nicht durchgeführt.

Indem im 18. und 19. Jahrhundert sämtliche wichtigeren deutschen Staaten zum Grenzzollsysteme übergingen, waren sie bestrebt, nicht nur die Zölle als besondere Art der Waren-

---

[1] Codex Augusteus Bd. II, S. 1290ff.; vgl. auch S. 1300.

[2] Wuttke a. a. O. S. 36f.

[3] Sächs. Ausschreiben vom 4. März 1682, Codex Augusteus Bd. II, S. 1301.

[4] Hoffmann, Deutsches Zollrecht Bd. I a. a. O., S. 37ff.

verkehrssteuern rechtlich auszuprägen, sondern auch die Sicherungen auszubauen, die für den richtigen Eingang der dem Staate zu leistenden Geldzahlungen Gewähr bieten sollten. So stellte man nicht nur eine „Haftung" der Waren auch ohne das Vorliegen einer strafbaren Hinterziehung auf, sondern bildete unter strafrechtlichen Gesichtspunkten für diesen Fall eine Art bürgschaftsähnlicher Haftung dritter Personen für die von gewissen Defraudanten verwirkten Geldstrafen, Abgaben und Kosten aus.[1] Im einzelnen ist diese Warenhaftung verschieden geregelt worden. Das sächsische wie das württembergische[2] Zollrecht erklären beide zur Entrichtung der Grenzakzise denjenigen für verpflichtet, „in dessen Besitze sich die Ware zu der Zeit, wann ihre Verrechtung geschehen soll, befindet" und bestimmen weiter, daß die Ware selbst für die Abgabe haftet.[3] Wie das gemeint ist, erhellt aus dem sächsischen Generale vom 17. Juni 1822 ad § 10, mit welcher Bestimmung inhaltlich § 26 des württembergischen Zollgesetzes vom 18. Juli 1824 übereinstimmt und wo es heißt:[4] „Wenn die Grenzakzise entweder auf der ersten Grenzeinnahme oder bei der Abladung nicht sofort entrichtet wird, so ist ... von der Ware so viel, als zur Deckung der Grenzakzise nötig sein dürfte, anzuhalten, in sichere Amtsverwahrung zu bringen und dem Eigentümer eine Zeit von höchstens drei Tagen zu bestimmen, binnen welcher er solche durch Erlegung der Akzise auszulösen habe. Erfolgt solche sodann nicht, so ist die Ware durch die Akzise-Inspektion in der nächsten akzisbaren Stadt zur öffentlichen Versteigerung zu bringen und der nach Abzug der davon zu entrichtenden sämtlichen Abgaben und Kosten verbleibende Überschuß der Loosung zur Verwahrung bei der Akziseneinnahme zu bringen, auch dem ersten Eigentümer der

---

[1] Daß diese „subsidiarische Vertretungsverbindlichkeit dritter Personen" nach geltendem deutschen Rechte strafrechtlicher Natur sei, weist überzeugend nach Haimann, Die rechtliche Natur der subsidiarischen Vertretungsverbindlichkeit usw. München 1892; vgl. dazu Hoffmann I, S. 18 Note 6.

[2] Hoffmann, Deutsches Zollrecht Bd. I, S. 147.

[3] Sächs. Mandat vom 23. März 1822 (Gesetzsammlung S. 251) § 10.

[4] Gesetzsammlung für das Kgr. Sachsen 1823 S. 145.

Ware, wenn er sich hierzu binnen Jahresfrist meldet, auszuantworten, nach Ablauf dieser Zeit aber als herrenloses Gut in der Akziserechnung zu vereinnahmen."

Schon die Fassung dieser Bestimmungen, insbesondere auch des § 10 des Mandats vom 23. März 1822, ergibt, daß für das Gesetz die persönliche Zahlungspflicht der Ausgangspunkt bleibt. Und indem das Generale sodann die Beschlagnahme auf einen Teil der Waren einschränkt, verbietet es die Konstruktion dahin, als könne sich der Staat für seine Zollansprüche nur an die Ware halten; denn dann müßte die ganze Ware, welche die Grenze überschritten hat, seinem Verkaufsrechte unterliegen, und die vorherige Fristsetzung an den Eigentümer zur Verakzisierung wäre überflüssig. Aber auch das preußische Recht, wie es in dem „Gesetz über den Zoll und die Verbrauchssteuer von ausländischen Waren und über den Verkehr zwischen den Provinzen des Staates" und in der „Zoll- und Verbrauchssteuerordnung", beide vom 26. Mai 1818,[1] zum Abschlusse gelangte, kannte nur eine Haftung der Ware, wenn es in § 70 der Zollordnung[2] bestimmte: „Solange die Abgabe noch nicht völlig bezahlt oder die Ausfuhr in den dazu geeigneten Fällen nachgewiesen worden, haftet die Ware den Staatskassen" und in § 44 der Zollordnung die Regel aufstellte, daß eine Herausgabe der Ware aus dem Packhofe in keinem Falle, auch nicht von den Gerichtshöfen und bei Konkursen, eher verlangt werden könne, als bis die Gefälle bezahlt seien.

IV. So hat ein Überblick über die Geschichte des Zollbegriffs gezeigt, daß man weder im römischen Rechte noch im Rechte des deutschen Passierzolles noch in den über die Akzise im allgemeinen und die Grenzakzise im besonderen ergangenen Vorschriften mit jenem Begriffe etwas anderes bezeichnet hat als eine Geldleistung, die eine einzelne bestimmte Person zugunsten der Staatskasse zu machen hatte, und es läßt sich aus der Geschichte nichts dafür entnehmen, daß die Gesetzgebung des deutschen Zollvereins einen anderen Begriff der Zollpflicht habe schaffen wollen. Das geht

[1] Gesetzsammlung für die preußischen Staaten 1818 S. 65 ff.
[2] Ebenda S. 122.

noch aus der Fassung des auf der ersten Generalkonferenz beschlossenen Zollgesetzes[1] hervor, das unverändert in dem hier entscheidenden Paragraphen, z. B. in Sachsen, publiziert ist, wo § 16 des Zollgesetzes vom 3. April 1838 im ersten Satze also lautet: „Die zollpflichtigen Gegenstände haften ohne Rücksicht auf die Rechte eines Dritten an denselben für pünktliche und vollständige Entrichtung des darauf ruhenden Zolles und können, solange diese nicht erfolgt ist, von der Zollbehörde zurückbehalten oder mit Beschlag belegt werden.“ Die Fassung des § 14 des Vereinszollgesetzes vom 1. Juli 1869 enthält demgegenüber nur eine redaktionelle Änderung, die daher auch in der dem Entwurfe beigegebenen Denkschrift keinerlei Erläuterung gefunden hat.

§ 3.

Die Theorien von der Dinglichkeit der Zollpflicht.

I. Im Widerspruch mit dem durch die historische Betrachtung gewonnenen Resultate, daß der Mittelpunkt aller Zollrechtsinstitute eine Zahlungspflicht einer bestimmten Person bilde, lehrt Laband in seinem Staatsrecht des deutschen Reiches[2] folgendes über die „juristische Natur der Zollpflicht“:

„Die Verpflichtung zur Entrichtung des Zolles ist ihrem juristischen Wesen nach keine Obligation, auch keine obligatio ex lege, sondern eine auf dem zollpflichtigen Gegenstande ruhende Belastung. Der Staat gestattet nicht, daß die Ware im Inland in den freien Verkehr tritt, wenn ihm nicht der Zoll dafür entrichtet wird; die Bezahlung des Zolles ist die Bedingung, unter welcher der Staat den Verkehr mit der Ware gestattet und eine Verpflichtung besteht daher nur in dem Sinne, daß jemand, der eine Ware in den freien Verkehr bringen will, diese Bedingung vorher erfüllen muß. Die Zollpflicht lastet daher nicht nach Art einer Obligation auf einem bestimmten Schuldner, sondern nach Art eines dinglichen Rechts auf einer bestimmten Ware. Dieses

[1] Dem besonderen Protokolle vom 22. August angefügt; vgl. Hoffmann, Deutsches Zollrecht Bd. I, S. 330.

[2] 4. Aufl., Bd. IV, S. 433ff. (§ 123 II).

dingliche Recht äußert sich zunächst darin, daß die Zollbehörde die Ware unter Verschluß (oder Mitverschluß) oder Kontrolle nimmt und jede Verfügung, durch welche die Ware in den Inlandsverkehr gebracht werden könnte, verhindert. Die Zollpflichtigkeit der Ware begründet für die Zollverwaltung das Recht zur Retention der Ware und zur Beschlagnahme. Durch Bezahlung des Zolles wird diese rechtliche Verstrickung, dieses Verkehrsverbot abgelöst. Der Zollpflicht kann man daher in doppelter Weise genügen, entweder durch Bezahlung (welche unter gewissen Voraussetzungen gestundet wird) oder durch Hingabe der Ware unter Zollkontrolle (Niederlegung)."

Die Bestätigung dafür, daß diese Konstruktion dem Gesetze entspreche, findet Laband[1] schon in dem Wortlaute der §§ 13 und 100 des Vereinszollgesetzes. Allein diese Bestimmungen reden von einer Haftung der Ware für den darauf ruhenden Zoll, setzen diesen also als eine unabhängig von jener Haftung bestehende Abgabe voraus. Daß ein Recht zur Beschlagnahme oder Zurückbehaltung der Zollbehörde zusteht, beweist ebenfalls nicht, daß dies ihr einziges und ausschließliches Recht wäre. Und die Befugnis, welche diese erfolgte Beschlagnahme und Zurückbehaltung geben, erhellt aus § 14 VZG. überhaupt nicht und wird von Laband nicht näher untersucht. Auch legt er nicht dar, inwiefern denn die im Gesetze geordneten einzelnen Abfertigungsverfahren, die er im wesentlichen nur mit den Gesetzesworten als Beweise seiner Auffassung zitiert,[2] diesen Beweis auch wirklich führen können. So bleibt als anscheinend beweiskräftig nur die Tatsache übrig, daß ein Zoll nicht erhoben wird von Waren, die auf einem unter Zollverschluß ausgeführten Transport oder auf einer öffentlichen Niederlage durch Zufall zugrunde gegangen sind.[3] Allein daraus folgt nur, daß die Ware den Maßstab und die Grundlage für die Erhebung des Zolles abgibt, nicht aber, daß eine persönliche Zollpflicht nicht bestehe. Wenn Laband ferner darauf hinweist,[4] daß ein tatsächliches Gewaltverhältnis zu der Ware, „die rein tatsächliche Möglichkeit, die vom Auslande eingeführte Sache im

[1] S. 433.
[2] Ebenda S. 435, 436.
[3] Ebenda S. 437.
[4] Ebenda S. 435.

Inlande einer Ortsveränderung zu unterwerfen, sie in Zirkulation zu setzen, über sie eine physische Herrschaft auszuüben, sie zu gebrauchen oder zu verbrauchen" entscheidend sei, ebenso „für die Verpflichtung zur Bezahlung des Zolles" wie für die „Berechtigung, die Ware durch die Entrichtung des Zolles von dem staatlichen Verkehrsverbote frei zu machen", so wird hier eine Verpflichtung zur Zollzahlung anerkannt, die nur eine Berechtigung zur Bedingungserfüllung bedeutet. Und ohne ausreichende Erklärung blieben nach dieser Auffassung sowohl die im § 15 des Vereinszollgesetzes geordnete Pflicht zur Nachzahlung zu wenig gezahlter Abgaben, als auch die Zollzahlungspflicht des Defraudanten. Denn für jene fehlt es an einer Grundlage, da die Verpflichtung zur Ablösung des Verkehrsverbots als Akt freier Entschließung des Verzollers doch nicht weiter gehen kann, als er sich eben verpflichtet hat; mit der Unterwerfung unter den die Höhe seiner Zahlung aussprechenden Verwaltungsakt müßte das Verhältnis zwischen Verzoller und Zollbehörde gebunden sein. Ist aber die „Feststellung des Betrages, welcher für die Lösung der zollpflichtigen Ware aus dem Verkehrsverbote zu entrichten ist",[1] bloße Berechnung und kein Verwaltungsakt, dann fehlt der Rechtsgrund, der jene Nachzahlungspflicht entstehen ließe, zumal der hiernach allein noch übrig bleibende Weg einer obligatio ex lege nicht eingeschlagen wird. Die Zollpflicht des Defraudanten aber könnte gar nicht gedacht werden, weil ja die Ware, an der die Zollpflicht haften soll, zufolge der Konfiskation in der Hand des Staates verbleibt. Schließlich kann auch der Hinweis auf die privatrechtliche Grundschuld[2] die Labandsche Auffassung nicht retten. Denn abgesehen davon, daß die Grundschuld vom Bürgerlichen Gesetzbuche nur für Grundstücke anerkannt ist, ist sie nur verständlich als eine Art des Grundstückspfandrechts[3] und bedeutet als solches ein Recht des Gläubigers zur zwangsweisen Beitreibung einer Geldsumme aus einem Grundstücke, die er vorher in das Vermögen eines anderen hinein-

[1] Laband, Deutsches Staatsrecht, 4. Aufl., Bd. IV, S. 438.

[2] Ebenda Anm. 3 zu S. 434; vgl. dazu O. Mayer, Deutsches Verwaltungsrecht Bd. I, S. 403, Anm. 18.

[3] Vgl. z. B. Cosack, Lehrbuch des deutschen bürgerlichen Rechts, 4. Aufl., Bd. II, a. a. O., S. 216, 221.

gewendet hat, soweit die Bestellung der Grundschuld nicht etwa schenkungsweise erfolgt ist. Die Zollzahlung aber fordert der Staat zum besten seiner Staatsfinanzen ohne Gegenleistung kraft seiner Finanzhoheit; wer Zölle zahlt und dafür die Ware erhält, wiewohl er nicht Eigentümer ist, löst nicht, wie der vom persönlichen Schuldner verschiedene Eigentümer eines Pfandgrundstücks, seine Sache aus einer für fremde Schuld begründeten Haftung, sondern zahlt, was er und er allein dem Staate schuldig ist. Nirgends findet sich bei der Regelung des Rechts des Staates auf Zoll der Satz, daß er auf die Ware mit seinen Ansprüchen beschränkt sei; im Gegenteil ist die Zollpflicht des Defraudanten ausgesprochen dort, wo der Staat die Sache selbst kraft seines Strafrechts konfisziert, also sich selbst hindert, daraus Befriedigung zu suchen,[1] da er ja als Eigentümer viel umfassendere Rechte hat.

Können sonach die Beweise LABANDs für den ausschließlich dinglichen Charakter der Zollpflicht nicht als überzeugend angesehen werden, so stehen dieser Ansicht außer der bereits berührten Unmöglichkeit, daraus eine Nachzahlungspflicht bei unrichtiger Abfertigung wie eine Zollpflicht des Defraudanten zu erklären, noch folgende Erwägungen entgegen:

1. Das Vereinszollgesetz selbst stellt den von der Gewalt der Zollbehörde über die Waren sprechenden § 14 in den Abschnitt, der von der „Erhebung des Zolles“ handelt, und zwar hinter die §§ 9 und 13, die von der Verpflichtung eines Menschen zur Zollzahlung sprechen, geht also selbst von letzterer als der Grundlage aus.

2. Die LABANDsche Konstruktion stellt die Zollzahlung unter den Gesichtspunkt der Ablösung eines Einfuhrverbotes, die Fest-

[1] A. M. HOFFMANN, Die Haftung des Zollguts, Zeitschr. Bd. I S. 69 mit Rücksicht auf Nr. 36 der Anweisung zur Ausführung d. VZG. (Zentralbl. 1888 S. 496). Aber die Vorschrift, Konfiskate dürften nur dann in den freien Verkehr gesetzt werden, „wenn durch den Verkauf derselben der volle tarifmäßige Zoll zur Verrechnung gelangt“, schreibt ausdrücklich nur eine „Verrechnung“ vor, die selbstverständlich ausgeschlossen bleibt, wenn der Defraudant den Zoll zahlt oder sicherstellt (Preuß. Ministerialverfügung vom 16. September 1893; HAVENSTEIN, Zollgesetzgebung S. 164). — Dafür, daß der Staat sich aus seiner eigenen Sache nicht befriedigen könne, auch KUNCKEL, Zeitschr. Bd. II S. 39.

setzung von Eingangszöllen wäre daher eine Ausnahme von § 1 VZG. und demnach gleichartig mit den auf Grund von § 2 VZG. aus polizeilichen Rücksichten zulässigen Einfuhrverboten. Aber wie schon die verschiedenen Strafbestimmungen in den §§ 134 und 135 VZG. zeigen, ist dies nicht die Meinung des Gesetzes, und treffend weist OTTO MAYER[1] darauf hin, daß der Staat weit entfernt ist, die Warenbewegung, die ihm Zoll einbringt, zu verbieten, sondern sie im finanziellen Interesse wünscht.

3. Die Zollkontrolle kann als Kennzeichen einer ausschließlich dinglichen Warenhaftung nicht angesprochen werden. Denn sie besteht, wenn auch in bald milderer, bald schärferer Form, auch dann, wenn eine persönliche gestundete Zollschuld auch nach LABANDS Meinung vorhanden ist, so wenn bei Versendung auf Begleitschein II die Wiedervorführung der Ware beim Erledigungsamte angeordnet ist oder wenn im Privatlager ohne amtlichen Mitverschluß die eingelagerten Waren durch Buchung festgehalten werden.[2]

II. Die LABANDsche Theorie ist nun in der zollrechtlichen Literatur mehrfach weiter ausgebaut worden und zwar von KUNCKEL und HAUSBRAND, während BULLING, den LABAND selbst zu den Vertretern seiner Ansicht zählt,[3] von einem eigenen Ausgangspunkte aus zu Ergebnissen gelangt, die denen LABANDS ähnlich sind.

1. KUNCKEL[4] führt aus, daß weder der Warenführer, welcher die von ihm eingeführten Waren der Zollstelle ordnungsmäßig vorführe, noch derjenige, welcher die Verzollung einer Ware beantrage, dadurch eine persönliche Verpflichtung zur Zahlung des Zolles übernehme oder gezwungen werden könne, die Ware unter Zahlung des Zolles aus dem amtlichen Gewahrsam zu entnehmen. Vielmehr könne der Antragsteller auch jetzt noch entweder die Waren zur Niederlage deklarieren oder ohne weiteren Antrag in

---

[1] Deutsches Verwaltungsrecht Bd. I, S. 403, Note 18.

[2] BEHR, Archiv für öffentl. Recht Bd. XIV, S. 183f.

[3] Staatsrecht des Deutschen Reiches Bd. IV, S. 434, Note 1; übrigens sei bemerkt, daß HAVENSTEIN (Zollgesetzgebung S. 19) BULLING zu den Gegnern LABANDS bezüglich des Wesens der Zollpflicht rechnet.

[4] „Dingliche und persönliche Zollpflicht", Zeitschr. Bd. II, S. 33—39.

den Händen der Zollbehörde zurücklassen. Daraus folgert KUNCKEL den Zwang zur Annahme einer „dinglichen Zollpflicht", falls man überhaupt der Abgabenzahlung eine Abgabenpflicht gegenüberstellen wolle.[1] Ihr Vorhandensein wird nach KUNCKEL bewiesen:

a) Durch die Ausdrucksweise des Vereinszollgesetzes, das insbesondere in § 4 den Eintritt der Zollpflichtigkeit der Gegenstände ausspreche, dagegen den Ausdruck „Zollpflichtige" von den mit den zollpflichtigen Gegenständen befaßten Personen nach Möglichkeit vermeide und nur gelegentlich gebrauche.[1] Allein einmal ist eine zollpflichtige Ware nach dem allgemeinen Sprachgebrauche nichts weiter als eine Ware, die zu verzollen ist, wie eine stempelpflichtige Urkunde eine Urkunde bezeichnet, auf der ein Stempel zu verwenden ist.[2] Sodann aber sind gerade die Stellen, an denen das Gesetz von zollpflichtigen Personen redet, beweisend dafür, daß es eine persönliche Zollpflicht anerkennt: es sind dies die §§ 31 und 29 Abs. 7, deren erster dem „Zollpflichtigen" eine Pflicht zur Darlegung der Ware zur Revision und zu Handlangerdiensten dafür auferlegt, deren zweiter ihm das Recht zur Wahl eines bestimmten Weges zur Feststellung des Nettogewichtes einräumt. Das Gesetz kennt also schon vor Ermittelung der Zollschuldigkeit durch die Behörde und während ihrer zu diesem Zwecke bestehenden körperlichen Gewalt über das Zollgut einen Zollpflichtigen.

b) Durch das Recht des Staates zur Zollkontrolle.[3] Allein dieses Recht geht sehr viel weiter als die Zollpflichtigkeit der Waren und äußert sich über eine Belastung solcher hinaus in mancherlei persönlichen Beschwerungen vor allem im Grenzbezirke.

c) Durch das Recht zum Verkaufe der Ware, der „lediglich in der Absicht, dem Warenverkehre keine unnötigen Fesseln anzulegen, nur gefordert werde, wenn ein Verfügungsberechtigter nicht vorhanden sei oder wenn die Interessen des Staates mit denjenigen des Verfügungsberechtigten kollidieren".[4] Allein ein

---

[1] Ebenda S. 35.

[2] Vgl. HAVENSTEIN, Zollgesetzgebung S. 18.

[3] Zeitschr. Bd. II, S. 36.

[4] Zeitschr. Bd. II, S. 36f.

solches Verkaufsrecht, das nur ausnahmsweise gegeben ist, kann doch nicht den Hauptzweck erfüllen, um dessentwillen die Zollpflicht geschaffen ist: dem Staate Geld zuzuführen.

Die persönliche Zollpflicht will KUNCKEL nur neben der dinglichen entweder zu deren Verstärkung oder zu deren Ersatze entstehen lassen; entscheidend dafür soll sein, daß eine Bedingung erfüllt wird, die darin besteht, daß eine Person „Waren ohne Zollzahlung aus dem Gewahrsam der Zollbehörde übernimmt“.[1] Dabei bleibt diese Theorie sich aber darüber klar, daß sie in den meisten Fällen der Defraude die Zollpflicht des Defraudanten nicht erklären kann, denn sie muß selbst zugeben,[2] daß hier oft Zoll geschuldet werde, ehe jene Bedingung eingetreten sein kann, oft auch, ohne daß sie jemals eintritt.

2. Die konsequente Durchführung des LABANDschen Gedankenganges ist in der Theorie von HAUSBRAND[3] geleistet, die ebensowohl das Vereinszollgesetz als auf ihrem Standpunkt stehend erklärt, als eine systematische Vorarbeit für eine lex ferenda sein will. Für HAUSBRAND ist die Grundlage des Systems der Begriff der „Zollpflichtigkeit“[4] der Ware, den er aus § 4 VZG. entnimmt und für den er den Ausdruck „Zollstand“ vorschlägt.[5] Diese Zollpflichtigkeit ist schlechtweg „dinglicher Natur, in viel höherem Maße als irgend eine privatrechtliche Beziehung“.[6] Sie hat drei Wirkungen:

a) Die Sache ist „mit einer Geldabgabe belastet, die vom Augenblick der Grenzüberschreitung an latent auf ihr ruht und sie überallhin begleitet, die ihrem Betrage nach zurzeit noch unbestimmt und veränderlich ist, aber auf Grund der bestehenden Tarif- und Tarabestimmungen jederzeit festgestellt werden kann,

---

[1] Zeitschr Bd. II S. 37; vgl. auch S. 39 (Schlußsatz).

[2] a. a. O. S. 39 sub c.

[3] Es gehören hierher seine beiden Abhandlungen: „Zur Systematik des Zollverwaltungsrechts“, Zeitschr. Bd. III S. 1—11 und 33—48, und „Zur Revision des Vereinszollgesetzes“, Zeitschr. Bd. V S. 1—20, 65—76 und 211—220; Bd. VII S. 185—197 und 233—242.

[4] Zeitschr. Bd. III S. 1.

[5] Zeitschr. Bd. V S. 7.

[6] Zeitschr. Bd. V S. 6 a. a. O.

die fällig wird, wenn die Sache in den freien Inlandsverkehr treten soll und die dann von demjenigen zu zahlen sein wird, der sie zur Zeit der Fälligkeit innehaben wird".[1] Aus dieser Begriffsbestimmung folgt, daß die Belastung erlischt, wenn die Sache untergeht, bevor der Zoll fällig geworden ist.[1] Die Zahlung der Abgabe und der Übergang der Ware in den freien Verkehr fallen sonach theoretisch in denselben Augenblick zusammen.[2] Kommt es aber nicht zu dem Übergang in den freien Verkehr, z. B. im Falle einer unternommenen Zollhinterziehung, bei der die Ware noch nicht aus der Hand der Zollbehörde gekommen ist, oder bei der Anschreibung auf Privatkreditlager, wo durch Buchkontrolle noch Aufsicht über die Waren geübt wird, so entfällt bei der HAUSBRANDschen Konstruktion die Möglichkeit, das Hervorgehen der persönlichen, etwa als Realobligation zu bezeichnenden Verbindlichkeit zur Zollzahlung darzutun.[3]

b) „Die zollpflichtige Sache unterliegt dem gebundenen Verkehr."[4] Dieser äußert sich nach zwei Richtungen, nämlich in einer Reihe akzessorischer Rechte und Machtbefugnisse über die Sache einerseits — z. B. Beschlagnahme- und Zurückbehaltungsrechte nach §§ 14, 100 VZG. und Verkaufsrechte nach §§ 104, 157 und 93 VZG. — und in einer Reihe von Befehlen an jeden Inhaber zollpflichtiger Sachen andrerseits — z. B. zur Einhaltung bestimmter Zeiten und Wege bei der Grenzüberschreitung, zur Ablieferung von Begleitpapieren bei Ansageposten, zur Deklaration, zur Hilfeleistung bei der Revision usw.

c) Die zollpflichtige Sache tritt ein „in den Bann des Zollschutzes, d. h. in die Grenzkontrolle und in die Strafrechtspflege".[5]

HAUSBRAND scheint hiernach kein Bedenken zu tragen, selbst für die Strafhoheit des Staates in Zollsachen ein dingliches Recht desselben am Zollgute als Quelle zu erachten, denn er führt seine

[1] Zeitschr. Bd. III, S. 1.

[2] Zeitschr. Bd. III, S. 1, Note.

[3] HAUSBRAND sucht sich damit zu helfen, daß er den Fall der Defraude als einen in einem „Strafparagraphen" geregelten Einzelfall darstellt (Zeitschr. Bd. V, S. 16).

[4] Zeitschr. Bd. III, S. 2 a. a. O.

[5] Zeitschr. Bd. III, S. 2f.

Theorie unter anderem dahin aus: „Diese rechtliche Gebundenheit der Sache, die durch ihre Bewegung über die Grenze ipso iure entsteht und sich sofort in einem ganzen Bündel öffentlichrechtlicher Belastungen äußert, welche zum Teil auf der Sache selbst — ohne Rechtsbeziehungen zu irgend einer Person — ruhen, zum Teil durch vorläufig noch unbestimmte und später lediglich durch die derzeitige Inhaberschaft bestimmte Personen zu tragen oder abzulösen sein werden — diese rechtliche Gebundenheit ist schlechterdings dinglich. Ist aber die Gesamtbelastung als Einheit dinglich, so sind es naturgemäß auch ihre einzelnen Erscheinungsformen.“ „Dinglicher Natur ist insbesondere auch die Zahlungspflicht des Inhabers zur Zeit der Fälligkeit. Daß sich bei jeder dinglichen Zahlungspflicht schließlich eine Person finden muß, welche zahlt, ist ja selbstverständlich, aber gerade daß die Zollpflicht jeden Inhaber trifft und sich lediglich auf diese Inhaberschaft gründet, beweist, daß sie, auch für sich betrachtet, an der Sache, nicht an der Person haftet.“[1]

Diese Beweisführung enthält eine Behauptung, die völlig unbewiesen bleibt, nämlich die, daß man jene rechtliche Gebundenheit mit all den heterogenen Lasten, die nach Hausbrand daraus hervorgehen, „als einheitliche Gesamtbelastung“ einer Sache auffassen müsse. Hausbrand selbst ist dies zum Bewußtsein gekommen; um aber durch Anerkennung der Verschiedenartigkeit dieser Lasten und damit der Unmöglichkeit, sie auf ein dingliches Recht des Staates zurückzuführen, nicht das ganze einheitliche System preisgeben zu müssen, begnügt er sich mit dem Hinweise, daß zwar auch die Deklarationspflicht usw. dinglicher Natur sei, daß diese Konsequenz aber nur bestätige, wie bedenklich es sei, die Begriffe „dingliches“ und „persönliches Recht“, die das Zivilrecht ausgeprägt habe, anders als vergleichsweise auf das Gebiet des Zollverwaltungsrechts zu übertragen.[1] In Wahrheit verzichtet Hausbrand mit der Erkenntnis, daß eine solche allgemeine Statuierung der Dinglichkeit der Zollpflichtigkeit über deren Inhalt nichts aussagt, auf die daraus gezogenen Folgerungen, und die Zollpflichtigkeit bleibt nichts anderes als ein Name für

---

[1] Zeitschr. Bd. III, S. 4 a. a. O.

eine Gruppe öffentlicher Lasten, die bald durch Zahlung, bald durch Zulassung einer Einwirkung auf eine Sache, bald durch Handlungen zu erfüllen sind und deren Begründung voraussetzt, daß ein Zolltarifgesetz für Einführung einer bestimmten Ware einen Eingangszoll bestimmt. Die HAUSBRANDsche Konstruktion zwingt daher zu der Frage, welche Bedeutung denn dem Begriffe des dinglichen Rechts auf dem Gebiete des öffentlichen Rechts zukommt, ja was man unter dinglichem Rechte überhaupt zu verstehen habe und welcherlei persönliche Verpflichtungen aus einem solchen hervorgehen können. Die Beantwortung dieser Frage muß uns dazu führen, alle Theorien der dinglichen Zollpflicht entweder als richtig anzuerkennen oder als einseitig zu verwerfen.

3. Zuvor ist jedoch noch die Konstruktion der Zollpflicht durch BULLING[1] zu berühren. Er legt offenbar den Schwerpunkt darauf, eine Formel für die Zollpflicht zu finden, mit der sich auch die Zollzahlung des Defraudanten erklären lasse, nachdem er zuvor die Annahme als unrichtig bezeichnet hat, wonach jeder Zoll als Schuld, begründet durch die Grenzüberschreitung, gezahlt werde. Er bestimmt den Zoll als „eine Zahlung für die Erteilung der Erlaubnis, Sachen in das Staatsgebiet einzubringen", als ein „droit d'entrée",[2] dessen Rechtsgrund die Gebietshoheit des Staates sei. Demgemäß entspreche es dem Begriffe des Zolles am meisten, wenn er vor Eintritt in das Gebiet, also an einer exponierten Zollstelle, bezahlt werde.[3] Müßten aber aus praktischen Gründen die Zollstellen ein Stück von der Grenze entfernt nach dem Inlande zu angelegt werden, so bedeute das, daß der Staat nur für das Betreten eines Teiles seines Gebietes jene Eingangsabgabe erhebe, dagegen es jedem freistelle, bis zur Zollstelle das Gebiet ohne Zollentrichtung zu begehen.[4] Da auch das Vereinszollgesetz darauf angewiesen sei, damit zu rechnen, daß die Zollstellen regelmäßig im Inlande anzulegen seien, so gestatte es das Einbringen der Waren über die Grenzen ganz allgemein und wolle

[1] „Der Begriff des Zolles" im Archiv für Strafrecht, begründet von GOLDTAMMER, fortgesetzt von MEVES, DELCKE und MUGDAN Bd. XLI (1893), S. 120—124.

[2] Archiv für Strafrecht Bd. XLI, a. a. O. S. 121.

[3] Ebenda S. 121, 122.

[4] Ebenda S. 122.

„erst an der Zollstelle für das Weiterbringen die Erlaubnis gegen Zahlung des Zolles individuell erteilen“.[1] Das einzige Bedenken gegen seine Auffassung könnte nach BULLING die Zollpflichtigkeit des Defraudanten erwecken. Diese erklärt er aber damit, daß hier der Zoll zu zahlen sei dafür, daß die Grenze unerlaubterweise oder an einer unerlaubten Stelle überschritten sei; daher könne durch die nachträgliche Zahlung auch nicht das Recht erworben werden, mit der Sache im Gebiete zu bleiben, vielmehr unterliege[2] die Sache der Konfiskation. Gerade durch dies alles aber findet er seinen Zollbegriff in ganz konsequenter Weise verwirklicht, den er auch im Vereinszollgesetze darin anerkannt sieht, daß nur im Falle der Abfertigung oder Defraude Zoll gezahlt werde, daß mit der Abfertigung oder der Begehung der Hinterziehung eine Abgabenverjährung beginnt und daß gegenüber einer vermuteten Hinterziehung gemäß § 137 VZG. ein Entlastungsbeweis möglich ist. Die weitere Rechtfertigung eines so gefaßten Zollbegriffs gibt für BULLING die „praktische Erwägung“, daß nicht einem jeden schon vor Überschreitung der Grenze diejenige Kenntnis des Zolltarifs angesonnen werden könne, die er haben müßte, um zu wissen, ob ihm das Einbringen der Sache den Zoll wert ist oder ob er nicht lieber die Sache zurückläßt.[3]

Muß es schon Bedenken erwecken, wenn hier die sonst allgemein als Strafe anerkannte, vom Vereinszollgesetz auch als Strafbestimmung gekennzeichnete Konfiskation defraudierter Güter als eine aus dem materiellen Zollbegriff folgende Befugnis erklärt werden soll, so ergibt sich bei näherem Zusehen, daß die BULLINGsche Konstruktion einen nur mühsam verdeckten Widerspruch enthält, was die Entstehung der Zollpflicht anlangt. Diese soll begründet werden bald durch Erreichung der exponierten Zollstelle, bald durch Grenzüberschreitung, bald durch Erreichung des im Inlande gelegenen Grenzzollamtes. Eine Gleichstellung des exponierten und des im Inland belegenen Grenzzollamtes für die Entstehung der Zollpflicht kraft Fiktion, wie sie das Reichsgericht[4] annimmt, wird absichtlich vermieden; das Charakteristikum

[1] Archiv für Strafrecht Bd. XLI, S. 122.
[2] Ebenda S. 123. [3] Ebenda S. 124.
[4] Entscheidungen in Strafsachen Bd. XVIII, S. 242ff.

der exponierten Zollstelle ist ja gerade die Zahlung des „droit d'entrée" vor der Möglichkeit des Eingangs. Nun kann aber auch durch Umgehung der exponierten Zollstelle der Eingangszoll hinterzogen werden, oder eine falsche Deklaration in defraudatorischer Absicht dort geschehen;[1] dann versagt die BULLINGsche Erklärung, denn da können Zollzahlung und Konfiskation Platz greifen, ehe das Gebiet erreicht ist, auf dem „niemand weilen durfte, ohne Zoll gezahlt zu haben". Noch klarer ergibt sich die Unstimmigkeit, wenn einerseits gelehrt wird, am inländischen Grenzzollamte werde der Zoll nur für die Erlaubnis zur Weiterführung der Ware erhoben, sei bis dahin also nicht geschuldet, anderseits aber zur Erklärung der Defraude behauptet wird, im Falle unerlaubten Überschreitens der Grenze — also auch schon vor Erreichung des Grenzzollamtes und des angeblich nur gegen Abgabenentrichtung betretbaren Gebietes — entstehe die Zahlungspflicht.

Sodann aber muß man der BULLINGschen Auffassung entgegenhalten, daß für den materiellen Zollbegriff in Wahrheit damit nichts gewonnen werden kann, daß man die Gebietshoheit des Staates für sein Recht zur Zollerhebung als Quelle anruft. Denn sieht man in der Gebietshoheit „nur das Recht des Staates, innerhalb eines Gebietes überhaupt Hoheitsrechte ausüben zu können",[2] so wird damit über Art und Inhalt der Hoheitsrechte nichts ausgesagt. Höchstens gelangt man, wenn man auf die Grundauffassung zurückgeht, der jene Definition der Gebietshoheit entspringt, zu dem Ergebnis, daß ein dingliches Zollrecht des Staates, wie ein öffentlichrechtliches dingliches Recht überhaupt, begrifflich undenkbar ist, da „Objekte der staatlichen Herrschaft nur Personen und Vereinigungen von Personen sind",[3] weil die Staatsgewalt Befehlsgewalt ist und man Sachen nichts befehlen

---

[1] Entscheidungen des Reichsgerichts in Strafsachen Bd. XIII, S. 411ff.; vgl. auch HEIDECKER, „Exponierte Zollstellen" in der Zeitschr. Bd. VII, bes. S. 202.

[2] So GEORG MEYER, Lehrbuch des deutschen Staatsrechts, 6. Aufl. bearb. v. ANSCHÜTZ, S. 213.

[3] Ebenda S. 212.

kann.[1] — Definiert man dagegen die Gebietshoheit mit LABAND als ein „staatsrechtliches Sachenrecht, das mit dem privatrechtlichen Eigentume das begriffliche Merkmal der ausschließlichen und totalen Herrschaft über eine körperliche Sache teilt",[2] so ergibt sich daraus allerdings das Recht des Staates, sein Gebiet, sei es ganz, sei es teilweise, nach Belieben zu öffnen und zu schließen. Aber ob er dieses Recht ausüben will dadurch, daß er Personen oder Sachen den Eintritt ganz verwehrt, oder dadurch, daß er eingehenden Personen eine Geldzahlung abfordert oder daß er bestimmte aus dem Auslande kommende Gegenstände festhält und für sich in irgend einer Form verwertet, darüber sagt uns die vom Staate über sein Territorium geübte Sachherrschaft als solche gar nichts. Aus ihrem Begriffe kann man kaum folgern, daß sie die „natürliche Grundlage" für ein droit d'entrée bilde, und noch viel weniger gibt sie Aufschluß über die verwaltungsrechtliche Gestaltung, die der Zollbegriff erfahren kann oder in einem konkreten Falle erfahren hat. Die Gebietshoheit des Staates zur Quelle seines Zollrechts zu machen heißt schließlich nichts weiter, als erklären, daß der Staat den Zoll fordere kraft der ihm zustehenden obersten Gewalt. Dann aber ist es viel naheliegender und natürlicher, die Staatsgewalt, soweit sie für die Erhebung von Zoll verwendet wird, als Finanzgewalt zu charakterisieren; denn der Finanzzweck ist der leitende für die Rechtsgestaltung der Zollpflicht.

Diese Erwägung aber führt auf einen Einwand, den BEHR[3] gegen LABAND erhoben hat und der gegenüber allen bisher besprochenen Theoretikern zutrifft. Ihre Definition des Rechtsbegriffes „Zoll" sucht stets auch seine wirtschaftliche Bestimmung hervorzuheben, eine Abgabe von den in den inländischen Verbrauch gelangenden Auslandswaren zu sein, und die mannigfachen wirtschaftlichen Erwägungen anzudeuten, denen die Festsetzung von Zöllen, vor allem von Schutzzöllen, entsprungen ist. So wichtig dieser „materielle" Zollbegriff auch für das Verständnis

[1] Vgl. dazu O. MAYER, Der gegenwärtige Stand der Frage des öffentlichen Eigentums, Archiv für öffentl. Recht Bd. XXI, S. 501, Note 4.

[2] Staatsrecht des Deutschen Reiches, 4. Aufl., Bd. I, S. 173.

[3] Zollpflicht und freier Verkehr, Archiv für öffentl. Recht Bd. XIV, S. 195.

des Zollrechts ist, so kommt er doch ebensowohl zum Ausdrucke in Rückvergütungen bei der Wiederausfuhr schon verzollter Waren oder Erteilung von Einfuhrscheinen bei Ausfuhr inländischen Getreides als in der Nichtzahlung von Zoll bei der Durchfuhr und bei der Einlagerung in gewisse Niederlagen oder der Verwendung von Auslandsware zu bestimmten Zwecken, obwohl man in allen diesen Einrichtungen ganz verschiedene Rechtsgestaltungen erkennt. Ebenso kann die Abwälzung des Zolles vom Importeur auf den Konsumenten wohl Motiv und damit auch Mittel zum Verständnis für die Gewährung von Stundung und ähnlichen Einrichtungen sein, deren Form aber gehört dem positiven Rechte an. Ein Vorgang mit einer Sache ist das Merkmal, an den der Staat die Zollpflicht anknüpft, aber nicht diese Sache will er deshalb haben — selbst dann nicht, wenn der Zoll ein „Kampfzoll" ist — sondern das Geld, das aus diesem Anlasse an ihn abgeführt wird; um dieses Geldes willen ist alles übrige da.

§ 4.

Der Begriff des dinglichen Rechts und seine Bedeutung für den Zollbegriff.

I. Der Begriff des dinglichen Rechts ist von der Privatrechtswissenschaft im Anschlusse an die römischen Rechtsquellen ausgebildet worden und behauptet in ihr trotz vereinzelter Angriffe gegen seinen Gehalt noch immer seine systematische Bedeutung. Das dingliche Recht des Privatrechts ist ein subjektives Recht, das dem Berechtigten eine unmittelbare Herrschaft über eine Sache gewährt,[1] das uns eine körperliche Sache unmittelbar unterwirft.[2] Es wird dargestellt als eine Art der absoluten Rechte, d. h. derjenigen, welche grundsätzlich gegen jedermann wirken,[3] und diese Wirksamkeit gegen eine unbestimmte Zahl Dritter, die das Recht zu achten haben, wird wieder damit begründet, daß es dem Berechtigten die Befugnis gebe, in bestimmter Weise

[1] Sohm, Institutionen, 11. Aufl., S. 305.

[2] Dernburg, Pandekten, 7. Aufl., Bd. I, S. 47.

[3] Cosack, Lehrbuch des bürgerl. Rechts Bd. I, S. 53, 34.

selbst zu handeln.[1] Da die Befugnis des Berechtigten, selbst handelnd auf eine Sache einzuwirken, ganz verschieden weit ausgedehnt sein kann, so unterscheidet man im Zivilrecht ganz verschiedene Arten dinglicher Rechte und stellt neben das Eigentum, das potentiell vollkommenste Herrschaftsverhältnis eines Rechtssubjekts über eine Sache, die iura in re, die beschränkten dinglichen Rechte.

Da das Wesen des dinglichen Rechts Sachherrschaft ist, so ist die eine Gruppe von Befugnissen, die sich aus dem dinglichen Rechte für den Berechtigten ergibt, dahin zu bestimmen, daß sie der Verwirklichung der Sachherrschaft dienen. Dabei können noch besondere Rechtsformen zu beobachten sein, so nach heutigem Rechte beim Pfandverkaufe oder bei der Eintreibung von Reallasten, Hypotheken, Grund- und Rentenschulden aus einem Grundstücke durch Zwangsversteigerung und Zwangsverwaltung oder bei der Ausübung des dinglichen Verkaufsrechts, oder aber die Äußerung der Sachherrschaft läßt die Rechtsordnung völlig gleichgültig, z. B. die Vernichtung einer Sache durch den Eigentümer, die Vernichtung des Pfandrechts durch formlose Rückgabe des Faustpfandes.

Die zweite Gruppe von Befugnissen, die ein dingliches Recht geben kann und die die Rechtsordnung stets zu subjektiven Rechten ausgestaltet hat, umfaßt diejenigen, die aus einer Störung des dinglichen Rechts hervorgehen. Diese Störung kann entweder sein eine Schmälerung der Sachherrschaft, z. B. Entziehung der Sache aus dem Besitze des Eigentümers (§ 986 BGB.) oder Anmaßung beschränkter dinglicher Rechte (§ 1004 BGB.), oder Zerstörung der Sachsubstanz, z. B. Verschlechterung des verhypothezierten Grundstücks (§ 1134 BGB.). Die Störung der Sachherrschaft ist hierbei ganz allgemein zu nehmen und setzt nicht etwa ein Verschulden des Störers voraus, auch der im § 931 BGB. gedachte Vindikationsanspruch und der Abholungsanspruch des § 1005 BGB. sind dinglicher Art.

Weitere dingliche Ansprüche fließen aus dem dinglichen Rechte des Zivilrechts nicht; wohl aber verbinden sich zahlreiche

---

[1] Sohm, Institutionen S. 305.

obligatorische, rein persönliche Ansprüche sehr häufig mit einem Rechtsverhältnisse, dessen Mittelpunkt das dingliche Recht bildet. So ist die Reallast dasjenige dingliche Recht, kraft dessen der Berechtigte gewisse wiederkehrende Leistungen oder deren Geldwert durch Zwangsvollstreckung aus einem Grundstück beitreiben kann, und bewährt ihre Dinglichkeit darin, daß jeder Dritte das Recht gegen sich gelten lassen muß, sofern er nicht ein besseres Recht besitzt, daß dritte Personen das Grundstück nicht verschlechtern dürfen, ohne sich der Klage auf Unterlassung durch den Reallastgläubiger auszusetzen (§ 1107 in Verbindung mit § 1134 BGB.) und daß die Reallast fortdauert, auch wenn das Grundstück herrenlos werden sollte.[1] Daneben aber haftet nach § 1108 der Eigentümer persönlich für die während der Dauer seines Eigentums fällig werdenden Leistungen, und dafür bleibt er verhaftet, wenn er auch nachmals das Grundstück veräußert oder derelinquiert. Eine analoge persönliche Haftung neben der dinglichen statuiert § 1021 BGB., indem er für zulässig erklärt, daß der Eigentümer eines mit einer Servitut belasteten Grundstücks die zu dieser gehörige Anlage zu unterhalten sich verpflichte und damit die Stellung des Reallastschuldners einnehme. Persönlicher Art ist der Anspruch des Verpfänders auf Herausgabe des Faustpfandes oder des die Pfandsumme übersteigenden Erlösrestes usw. usw. Alle diese persönlichen Ansprüche aber beruhen entweder auf einer besonderen gesetzlichen Bestimmung, die sie dann deutlich als persönliche Ansprüche hervortreten läßt, oder auf einem bei Gelegenheit der Begründung des dinglichen Rechts gleichzeitig abgeschlossenen, vertragsmäßigen Schuldverhältnisse, sind aber niemals Ausfluß des dinglichen Rechts und aus dessen Wesen zu erklären.

Nicht wesentlich für den Begriff des dinglichen Rechts ist der Besitz. Wohl wird häufig zur Begründung des dinglichen Rechts Besitzübertragung gefordert, wohl kann die Entziehung des Besitzes zugleich eine Störung des dinglichen Rechts sein, aber häufig bewährt das dingliche Recht seine Kraft gerade dadurch, daß es den verlorenen Besitz wiedergewinnen hilft, und

[1] Vgl. Cosack, Lehrbuch des bürgerl. Rechts, 4. Aufl., Bd. II, S. 267, 217.

einer großen Gruppe dinglicher Rechte, in der die Hypothek obenan steht, fehlt der Besitz als Bestandteil ihrer Begründung oder ihres Inhalts überhaupt gänzlich, wie er anderseits zahlreichen nur obligatorisch Berechtigten zusteht, so dem Verwahrer, dem Mieter, dem Pächter usw.

II. Mit dem Begriffe des öffentlichrechtlichen dinglichen Rechts wird man, sofern er nicht alle Bestimmtheit verlieren soll, dem Zivilrechte entsprechend ebenfalls nur ein Rechtsgebilde bezeichnen können, das einem Berechtigten eine unmittelbare Herrschaft über eine Sache gewährt. Seine Besonderheit wird das öffentliche dingliche Recht dadurch erhalten müssen, daß es zusteht einem Subjekte öffentlicher Verwaltung; stets wird hier eine Ordnung der Rechtsverhältnisse an einer Sache in Frage sein, bei der einer der Beteiligten den anderen überlegen ist. Nicht rechtliche Gleichheit, sondern rechtliche Ungleichheit bildet die Basis, auf der die Beziehungen zu der Sache geordnet sind,[1] und die Beeinträchtigung der etwa schon an der Sache bestehenden Rechte oder die Schmälerung der Verkehrsfähigkeit der Sache und ihre besondere Befriedung durch eine eigentümliche Rechtsordnung geschieht um deswillen, weil die davon mittelbar betroffenen Personen Gewaltunterworfene im Verhältnis zu dem berechtigten Subjekte öffentlicher Verwaltung sind und gerade darum, gerade in dieser ihrer Eigenschaft, betroffen werden.[2] Wo eine Sachherrschaft eines Subjekts öffentlicher Verwaltung in dieser Weise begründet wird, da besteht ein öffentlichrechtliches dingliches Recht. Sofort aber wird hierbei klar, daß es auch im öffentlichen Recht verschiedene Arten dinglicher Rechte geben muß; denn die Macht zum Selbsthandeln mit Beziehung auf eine Sache kann auch für ein Subjekt öffentlicher Verwaltung verschieden ausgedehnt sein.

Das vollkommenste öffentlichrechtliche dingliche Recht ist untrennbar verbunden mit dem Begriffe der öffentlichen Sache, der seine grundlegende Herausarbeitung durch Otto Mayer[3]

---

[1] O. Mayer, Archiv für öffentl. Recht Bd. XXI, S. 501.

[2] Vgl. Wach, Handbuch des deutschen Zivilprozeßrechts Bd. I, S. 90.

[3] „Deutsches Verwaltungsrecht“ Bd. II, S. 71 ff., „Eisenbahn und Wegerecht“ im Archiv für öffentl. Recht Bd. XVI, a. a. O. S. 70 f.

erfahren hat. Mit MAYER wird man die öffentlichen Sachen zu bestimmen haben als diejenigen öffentlichen Anstalten, bei denen der Schwerpunkt in einer Sache liegt und der Zweck des öffentlichen Unternehmens unmittelbar durch diese Sache erreicht wird, bei denen aber außerdem noch „die Wucht des öffentlichen Interesses an dem unversehrten Bestande gerade dieser Sachen" hinzukommt und ohne diesen das Gemeinwesen und seine gute Ordnung nicht bestehen können.[1] Die so gedachte rechtliche Herrschaft über eine Sache stellt stets selbst öffentliche Verwaltung vor[2] und ist darum stets nach öffentlichem Recht zu beurteilen. Da der öffentlichen Sache nach der gegebenen Begriffsbestimmung die Zugehörigkeit zu einem Subjekte öffentlicher Verwaltung wesentlich ist und diese Zugehörigkeit darin besteht, daß die Sache selbst öffentliche Verwaltung vorstellt, so ergibt sich, daß stets ein Machtverhältnis tatsächlicher Art an ihr bestehen muß, das man mit öffentlichrechtlichem Besitze[3] bezeichnen kann; es gibt keine öffentliche Sache in dem angegebenen Sinne, die nicht in öffentlichem Besitze stünde. Ein öffentlichrechtliches dingliches Recht entsteht daher hier erst, wenn noch ein ziviles dingliches Recht[4] sich mit jenem öffentlichen Besitze zu unlöslicher Einheit verbindet. Dieses Recht kann sein Eigentum oder Grunddienstbarkeit, und dementsprechend gibt es in diesem Zusammenhange auch zwei dingliche öffentliche Rechte, das öffentlichrechtliche Eigentum und die öffentlichrechtliche Grunddienstbarkeit, die die Sache, an der sie besteht, zu einer öffentlichen macht. Beide Arten öffentlichen dinglichen Rechts tragen daher gemeinsam die drei auf dem einheitlichen Rechtsgrunde beruhenden Besonderheiten an sich, die die öffentliche Sache auszeichnen: eine gesteigerte Polizeigewalt dient ihnen beiden und der von ihnen ergriffenen Sache zum Schutze, soweit sie reichen, ist die Sache dem Privatrechtsverkehre entzogen, und die Ausübung beider Arten des dinglichen Rechts bedeutet Führung öffentlicher Ver-

[1] „Eisenbahn und Wegerecht" S. 69, 71, 72, 76.

[2] O. MAYER, Deutsches Verwaltungsrecht Bd. II, S. 71, 82 a. a. O.

[3] Vgl. OTTO MAYER, Deutsches Verwaltungsrecht Bd. II a. a. O., bes. S. 84, 186.

[4] Zufolge Tausch, Kauf und Enteignung; vgl. O. MAYER Bd. II, S. 88.

waltung.[1] Die Sachen aber, die dieser besonderen Widmung für den öffentlichen Zweck allein fähig sind, sind die unbeweglichen Sachen; „Fahrnisgegenstände erscheinen überhaupt nicht als öffentliche Sachen.“[2]

Mit der soeben beschriebenen Art ist der Kreis der öffentlichen dinglichen Rechte noch nicht erschöpft. Es ist vielmehr eine öffentlichrechtliche Sachherrschaft über eine fremde Sache auch in der Art möglich, daß der Sache selbst ihr grundsätzlicher Charakter gewahrt bleibt, die an ihr bestehende Verkehrsfähigkeit insbesondere nicht berührt wird. Als Rechtsinstitut dinglicher Art durchgeführt sind die hier in Frage stehenden Eigentumsbeschränkungen in der Literatur nur für Grundstücke, indem eine zweite Art von Grunddienstbarkeit erkannt und im Gegensatz zu der oben berührten Art als „auferlegte öffentlichrechtliche Grunddienstbarkeit“ bezeichnet wird.[3] Sie hat zur Voraussetzung einen Eingriff der öffentlichen Verwaltung in das Privateigentum und bedarf daher stets einer gesetzlichen Grundlage. Daher ist die Zahl der Grunddienstbarkeiten dieser Art in jeder geltenden Rechtsordnung erschöpfend bestimmt. Ihre Dinglichkeit erweist sich darin, daß der Herr des öffentlichen Unternehmens ungeachtet alles Wechsels der an dem Grundstücke gleichzeitig bestehenden Privatrechtsverhältnisse sein Recht ausüben, z. B. die ihm zustehenden Materialien entnehmen, und daß er gegenüber jeder Störung seines Rechts durch einen Dritten oder den Eigentümer der belasteten Sache sich wehren kann. Nur bedarf er weder der zivilrechtlichen actio negatoria noch steht sie ihm zu, sondern kraft seiner öffentlichrechtlichen dinglichen Herrschaft verfährt er mit Gewaltanwendung und Ersatzvornahme, wenn die Beseitigung des servitutenwidrig Eingerichteten nicht gutwillig erfolgt.[4]

Als Gegenstück gegen die auferlegte öffentlichrechtliche Grunddienstbarkeit, deren Grundlage stets ein obrigkeitlicher, sie als ein Recht begründender Eingriff in das Vermögen des

---

[1] „Eisenbahn und Wegerecht“, Archiv für öffentl. Recht Bd. XVI S. 76.

[2] O. Mayer, Deutsches Verwaltungsrecht Bd. II S. 81.

[3] Ebenda S. 168. — Den Gegensatz bildet die „Grunddienstbarkeit der öffentlichen Sache“ (S. 167).

[4] Ebenda S. 173.

einzelnen bildet, erscheint die öffentlichrechtliche Eigentumsbeschränkung,[1] die darum dinglicher Natur ist, weil sie zu fassen ist als unmittelbare Herrschaft der öffentlichen Verwaltung über eine fremde unbewegliche Sache, hervorgegangen aus „einer dem Eigentum selbst allgemein anhaftenden Schwäche", die darin besteht, daß weder die Ausübung des Grundeigentums der Ausübung desselben Eigentums durch den Nächsten übermäßig gehemmt noch die Tätigkeit der ordnungsmäßigen Verwaltung durch unbeschränkte Ausübung des Grundeigentums gehindert werden darf. Diese Eigentumsbeschränkung, sowohl die zivilrechtliche, die sich vornehmlich im Nachbarrecht zeigt, als auch die öffentlichrechtliche, wie sie in dem Betreten fremder Grundstücke durch Zoll- und Kriminalbeamte oder durch manövrierendes Militär zum Ausdruck kommt, ist daher in Wahrheit nur eine nähere Begriffsbestimmung des Eigentums, und die Bezeichnung für die Grenzen, die diese möglichst unbegrenzte Herrschaft über eine Sache sich gefallen lassen muß, damit sie von einer Rechtsordnung anerkannt werden könne.

Die Dinglichkeit der öffentlichrechtlichen Sachherrschaftsverhältnisse, die wir bisher betrachtet haben, hat sich darin erwiesen, daß der Herr des öffentlichen Unternehmens, für den sie begründet waren, unmittelbar nach Maßgabe seines Rechts auf das Grundstück einwirken konnte oder aber mit Gewalt oder Strafen dann eine einzelne bestimmte Person treffen durfte, wenn von ihr eine Störung seines Rechts ausgegangen war. Auf andere Weise aber können sich Handlungspflichten bestimmter Personen als Ausflüsse staatlichen dinglichen Rechts nach dem Bisherigen auf dem Gebiete des öffentlichen Rechts ebensowenig ergeben, wie das im Privatrecht der Fall war.

Anderseits ergibt sich aber, daß der Begriff des öffentlichen dinglichen Rechts nicht auf Grundstücke sich beschränkt. Denn auch die bewegliche Sache ist fähig, einer unmittelbaren Einwirkung durch die öffentliche Gewalt[2] zu unterliegen und in

[1] Vgl. Otto Mayer, Deutsches Verwaltungsrecht Bd. II, S. 179ff.

[2] Wenn auch nur nach Analogie der „auferlegten öffentlichen Grunddienstbarkeit" bzw. der öffentlichrechtlichen Eigentumsbeschränkung, da sie öffentliche Sache selbst nicht sein kann.

einem Rechtsnexus zu stehen, in dem die an ihr bestehenden Rechte durch die Ungleichheit der berechtigten Subjekte beeinflußt und ihr entsprechend geordnet werden. Ein solches dingliches Recht wird auf zwei Arten begründet werden können: entweder unmittelbar aus dem Gesetze oder durch einen obrigkeitlichen Eingriff in die Privatrechtsordnung, der als Grundlage ein dazu ermächtigendes Gesetz voraussetzt. Wiederum werden aber gegenüber einzelnen bestimmten Personen nur zwei Gruppen von Befugnissen wirksam werden können, die als Ausflüsse des öffentlichen dinglichen Rechts zu fassen sind; entweder wird die Ausübung der unmittelbaren Sachherrschaft nach Maßgabe des staatlichen dinglichen Rechts oder aber die Abwehr von Störungen dieses Rechts in Frage sein. Gerade die letztere Gruppe unterscheidet sich aber klar von der entsprechenden des Zivilrechts; ihren wesentlichen Inhalt werden Strafrechte des Staates und Rechte zur Anwendung unmittelbaren Zwanges bilden.

III. Von dem soeben dargelegten Standpunkte aus erscheint es zwar begrifflich möglich, daß der Staat zur Sicherung der ihm zustehenden Zollforderung eine unmittelbare rechtliche Herrschaft über die Sache, wegen deren er Zoll erhebt, für sich begründet hat, und es wird im folgenden näher zu untersuchen sein, wie diese Herrschaft nach geltendem deutschen Zollrechte ausgestattet worden ist. Aber es erscheint von diesem Standpunkte aus ebenso begrifflich unmöglich, eine Zahlungspflicht eines Zollschuldners, eine Gestellungspflicht eines Warenführers, eine Pflicht zur Darlegung einer Ware und zur Hilfeleistung zwecks Revision als Ausfluß eines e i n h e i t l i c h e n dinglichen staatlichen Rechts am Zollgute zu begründen.[1] Denn die Rechte, die diesen Pflichten entsprechen, sind eben nicht Rechte zum Selbsthandeln mit dem Zollgute und nicht Rechte darauf, daß dieses Selbsthandeln des Staates nicht gestört werde, sondern sie dienen dazu, eine Zahlung zu sichern und festzustellen, deren Zweck es ist, jenes dingliche Recht des Staates zu beendigen und zu beseitigen. Indem LABAND[2] anerkennt, daß die Zahlung der Zollschuld gerade dazu

[1] Anders HAUSBRAND, Zeitschr. Bd. III, S. 4; wie im Text HOFFMANN, Zeitschr. Bd. I, S. 67.

[2] Staatsrecht des Deutschen Reiches Bd. IV, S. 435.

dient, „die Ware aus dem staatlichen Verkehrsverbote zu lösen", und indem er gleichzeitig nicht anzuerkennen scheint,[1] daß die Feststellung der Zollsumme durch die Behörde ein die Zollschuld selbständig begründender Verwaltungsakt sei (wofür sich im Gesetze auch kein Anhaltspunkt findet), muß er auch die Unmöglichkeit zugeben, die „Zollschuld" als Ausfluß des „Verkehrsverbotes" zu konstruieren. Sollte man aber der „Feststellung des Zollbetrages" im Sinne LABANDS rechtsbegründende Kraft zuschreiben müssen, so würde eben sie die Grundlage der Zahlungspflicht bilden und nicht das staatliche dingliche Recht an der Ware.

Natürlich wird sich eine einheitliche Erklärung des gesamten Zollrechts ebensowenig dadurch gewinnen lassen, daß man die Zahlungspflicht eines Zollschuldners als den einzigen Inhalt des staatlichen Zollrechts erklärt und alles, was das Vereinszollgesetz sonst noch an Rechten und Pflichten kennt, als ihren Ausfluß hinzustellen sucht. Denn insoweit Rechte des Staates zu unmittelbarer Einwirkung auf eine Ware bestehen, handelt es sich eben nicht um eine persönliche Schuld, und sofern eine bestimmte Person, ein Warenführer, verpflichtet ist, ein Zollgut zur behördlichen Besichtigung und Einwirkung zu gestellen, kann man nicht von einer Pflicht zu einer Zollzahlung reden. Daher muß die Grundlage weiterer Erörterungen allerdings die Erkenntnis bilden, daß die Rechtsbeziehungen, die sich an die Einbringung des Zollgutes über die Grenze eines Zollgebietes knüpfen, und die wir gemeinhin unter der Bezeichnung „Zoll, Zollrecht" zusammenfassen, nicht der Ausfluß eines einheitlichen Rechtsverhältnisses sind, sondern verschiedene Gruppen von Rechtsverhältnissen darstellen, die zwar in einem inneren rechtlichen Zusammenhange stehen, im übrigen aber jede für sich selbständige Rechtsinstitute bilden.[2] Aber eben weil diese Möglichkeit eines mit der Zollpflicht innerlich verbundenen, in seiner rechtlichen Ausgestaltung aber selbständigen Rechtsinstituts besteht, wird auch das tatsächliche Vorhandensein eines dinglichen Rechts des Staates am Zollgute nicht mehr imstande sein, die Zollpflicht und das ihr

---

[1] O. MAYER, Deutsches Verwaltungsrecht Bd. I, S. 403, Note 18.

[2] HOFFMANN, „Die Haftung des Zollgutes", Zeitschr. Bd. I, S. 64, 65.

entsprechende Recht des Staates auf eine Geldzahlung zum Besten seiner Finanzen aus der ihr durch die Geschichte wie durch das Vereinszollgesetz angewiesenen zentralen Stellung zu verdrängen. Auch eine Betrachtung dieses dinglichen Rechts hat daher auszugehen von einer Untersuchung der Gestaltung der persönlichen Zollpflicht im geltenden Reichsrechte. Erst dann kann im einzelnen nach Wesen und Wirkungen des dinglichen Rechts gefragt werden.

Zweiter Abschnitt.

Die Zollschuld.

§ 5.

Die Zollschuld nach Entstehung, Inhalt und Untergang.

Die Verpflichtung zur Zahlung des Zollbetrages seitens einer bestimmten Person hat LABAND[1] mit dem Ausdruck Zollschuld bezeichnet, und es empfiehlt sich, mit Rücksicht auf die umstrittene Bedeutung des Wortes Zollpflicht in der Literatur jenen Ausdruck für die Verpflichtung zu einer Geldzahlung beizubehalten, die auch das Deutsche Reich im Vereinszollgesetze einem Gewaltunterworfenen gelegentlich einer Wareneinfuhr auferlegt.

I. Die Zollschuld entsteht mit der Einfuhr zollpflichtiger Waren in das deutsche Zollgebiet in der Person des Einführenden.[2]

1. Es muß eine Einfuhr vorliegen. Zwar sprechen die §§ 3, 4

---

[1] Staatsrecht des Deutschen Reiches Bd. IV, S. 438.

[2] Übereinstimmend: HAVENSTEIN, Die Zollgesetzgebung des Reiches, 2. Aufl., a. a. O. S. 18; OTTO MAYER, Deutsches Verwaltungsrecht Bd. I a. a. O., S. 402f.; MAX VON HECKEL, Artikel „Zölle, Zollwesen“ im Handwörterbuch der Staatswissenschaften, 2. Aufl., Bd. VII, S. 976ff.; GREINER, „Die Zollpflicht“, Zeitschr. Bd. II, S. 236 und „Nochmals die Zollpflicht“, Zeitschr. Bd. VII, S. 86ff., besonders S. 92. Etwas abweichend die Ansichten von HOFFMANN und BEHR. Letzterer läßt die Zollschuld erst mit der Erreichung des Grenzzollamts entstehen (Archiv für öffentl. Recht Bd. XIV, S. 182), ersterer bestimmt als Zollschuldner denjenigen, welcher „durch seine Handlung die über die Zollgrenze eingebrachte zollpflichtige Ware im Zollgebiete in den freien Verkehr

VZG. nur von dem Eintritt der Zollpflichtigkeit eingehender Gegenstände. Aber der Ausdruck „Einfuhr“ findet sich ebenso wie „Ausfuhr“ und „Durchfuhr“ in den Überschriften der Abschnitte V—VIII des Gesetzes; das Zolltarifgesetz vom 25. Dezember 1902 kennt in § 1 eine Zollerhebung nur bei der Einfuhr von Waren in das deutsche Zollgebiet und § 93 des VZG. stellt eine Pflicht zur Wertdeklaration für denjenigen auf, der Gegenstände einführt, für die im Vereinszolltarif ein Wertzoll festgesetzt ist. Zwar braucht ferner das Gesetz in den §§ 3, 4 den Ausdruck Gegenstände[1] für die einem Eingangszolle unterworfenen Objekte; allein eine Vergleichung der Stellen, in denen statt dessen von „Waren“ gesprochen wird, ergibt, daß das Gesetz einen sachlichen Unterschied zwischen beiden Ausdrücken nicht macht. Der Begriff der „Waren“ aber, die das Handelsgesetzbuch in § 1 Abs. 2 Ziffer 1 einfach als bewegliche Sachen definiert, setzt voraus, daß es sich um von Menschen beherrschte und in Zirkulation gesetzte Gegenstände, also um Einfuhr handeln muß. Auch läßt das VZG. nach § 157 zwar eine Beschlagnahme der im Grenzbezirke gefundenen zollpflichtigen Gegenstände zu, aber nur deshalb, weil es vermutet, daß diese eingeführt sind. Denn es läßt unbeschränkt den Nachweis offen, daß eine Einfuhr dieser Gegenstände nicht stattgefunden hat. Endlich kennt das deutsche Zollrecht nach § 82 VZG. und Nr. 19 der Anweisung zur Ausführung des VZG. vom 5. Juli 1888 die Erhebung eines Zolles von Strandgütern, d. h. nach der Strandungsordnung vom 17. Mai 1874, sowohl von den im Falle

---

setzt“ (vgl. die Abhandlungen „Die Haftung des Zollgutes“, Zeitschr. Bd. I, S. 68, Note 3; „Die öffentlichrechtliche Verjährung nach den Abgabegesetzen des Deutschen Reiches“, Annalen des Deutschen Reiches, herausgeg. von Hirth und Seydel, Jahrgang XXXI [1898], S. 201). — Vgl. auch Entscheidungen des Reichsgerichts in Strafsachen a. a. O. Bd. XXXIII, S. 10f.

[1] Das Gesetz spricht von zollpflichtigen „Gegenständen“ in den §§ 3, 4, 13, 14, 21, 24, 29, 32, 44, 48, 59, 61, 66, 67, 91, 93, 109, 111, 114, 115, 118, 121, 127, 128, 129, 134, 136, 139, 157; von „Waren“ in den §§ 9, 12, 14, 15, 19, 21, 23—27, 29—34, 39—44, 46—53, 63, 66, 69, 75, 81, 86, 91, 92, 93, 96, 97, 98, 100, 101, 103, 104, 108, 110—113, 119, 122, 127, 128, 129, 138; von „Gütern“ in den §§ 69, 70, 71, 82, 88, 101 und 104. Sowohl „Waren“ als „Gegenstände“ werden danach die Zollgüter genannt in den §§ 14, 21, 24, 29, 32, 44, 48, 66, 91, 93, 111, 127, 128, 129.

der Seenot geborgenen Güter als auch dem Seeauswurf, strandtriftigen Gegenständen und den versunkenen und seetriftigen Gegenständen. Aber auch diese Zollerhebung wird unter die Überschrift derjenigen gestellt, die bei der Einfuhr seewärts erfolgt und damit als Ausnahme, richtiger als auf Grund der Fiktion einer Einfuhr geschehend, deutlich gekennzeichnet.[1] Ist überdies ganz evident, daß eine inländische Ware vorliegt, die bestimmungsgemäß nicht nach dem Zollvereinsgebiet gebracht werden soll, versagt daher die Möglichkeit, eine unbekannte Person als Einbringer zu fingieren, so unterbleibt die Zollerhebung von Strandgütern überhaupt. Auf diesem Gedanken beruht der § 117 des Vereinszollgesetzes, wonach kein Zoll erhoben wird, wenn auf der Ausfahrt begriffene Schiffe unmittelbar am Ausfahrtshafen stranden.

Ist aber die Einfuhr, d. h. eine mit einer Sache vorgenommene oder vermutete menschliche Handlung nötig, um eine Zollpflicht zu begründen, so ergibt sich, daß diese nicht eintreten kann, wenn eine Sache ohne oder gegen den Willen ihres Inhabers die Zollinie passiert. Daher wird ein über die Grenze entlaufenes Stück Vieh, ein versehentlich einen Abhang hinab über die Grenze geglittener Gegenstand nicht zollpflichtig.[2]

2. Eine zollpflichtige Ware muß eingeführt werden. Nach § 3 VZG. sind die aus dem Ausland eingehenden Gegenstände zollfrei, soweit nicht der Vereinszolltarif einen Eingangszoll festsetzt. Zollfreie Waren sind aber nicht nur diejenigen, die im Zolltarife als solche bezeichnet oder überhaupt nicht genannt sind, sondern auch diejenigen, die unter besonderen Voraussetzungen zollfrei sind, sofern nur nachträglich der Nachweis erbracht wird, daß diese Voraussetzungen tatsächlich vorgelegen haben, als die Einfuhr stattfand.[3] Zollfrei sind daher nach § 5 ZTG. nicht bloß

---

[1] Greiner weist in Zeitschr. VII, S. 87, Note 1 mit Recht darauf hin, daß § 82 nur die Verzollung „geborgener" Strandgüter normiere; freilich scheint er mir zu weit zu gehen, wenn er in dem Bergen ein wirkliches Einbringen sieht; dagegen spricht die Strandungsordnung.

[2] So Hoffmann, Die Haftung des Zollgutes, Zeitschr. Bd. I, S. 73; Greiner, Nochmals die Zollpflicht, Zeitschr. Bd. VII, S. 87, Note 1; a. M. Behr, Archiv für öffentl. Recht Bd. XIV, S. 181.

[3] Löbe, Zollstrafrecht S. 85; vgl. auch Entscheidungen des Reichsgerichts in Strafsachen Bd. XXIII, S. 328ff.

mit der Post eingehende Mengen bis zu 250 g Rohgewicht und der Gewichtsverzollung unterliegende Waren in Mengen bis zu 50 g, sondern auch Warenmengen, für die der Zoll nicht fünf Pfennige beträgt. Weiter gehören hierher die in § 6 ZTG. unter Ziffer 1, 2, 3, 4 Abs. 1 erster Halbsatz, 6, 7, 8, 10, 11 und 14 genannten Zollbefreiungen, sowie die Zollfreiheit der nach §§ 112 Abs. 1, 113, 114 und 115 Abs. 2 zur Wiedereinfuhr unter Freilassung vom Eingangszolle verstatteten Waren. In den letzteren Fällen setzt das Gesetz allerdings vor Ausfuhr der inländischen Waren einen Verwaltungsakt voraus, der die zollfreie Wiedereinlassung der Waren zuläßt; dieser aber bindet die Verwaltungsbehörde, sofern ihr der Nachweis der Identität der aus- und wiedereingeführten Waren nur zu irgend einem Zeitpunkte erbracht wird. Die Eigenschaft zollfreier Waren nehmen auch die in § 6 ZTG. unter Ziffer 4 und 5 genannten Gegenstände — gebrauchte Maschinen für Gewerbebetrieb und Landwirtschaft, Ausstattungsgegenstände, Braut- und Hochzeitsgeschenke, Erbschaftsgut — an, die nur auf besondere Erlaubnis zollfrei eingehen, sofern diese Erlaubnis erteilt ist, ebenso die unter § 6 Ziffer 13 ZTG. fallenden Wappenschilder, Flaggen und dergleichen, die von fremden Regierungen ihren Vertretern zum dienstlichen Gebrauche zugesendet werden, sofern der Bundesrat festgestellt hat, daß die betreffenden Staaten die Gegenseitigkeit gewährleisten. Es macht also keinerlei Unterschied, ob das Gesetz die Zollfreiheit unmittelbar selbst ausspricht oder noch eine behördliche Entscheidung fordert, damit der Vorbehalt der Zollfreiheit wirksam werde; ist die Entscheidung ergangen, so kann durch die Einfuhr der Gegenstände eine Zollschuld nicht mehr entstehen.[1] Werden sie der Behörde nicht ordnungsmäßig vorgeführt, so kann niemals eine Defraude nach § 135, sondern nur eine Ordnungswidrigkeit nach § 152 vorliegen.

3. Die Einfuhr muß erfolgen in das deutsche Zollgebiet. Die für die Entstehung der Zollpflicht maßgebende geographische

[1] Havenstein, Zollgesetzgebung S. 135, der jedoch für die nach § 111 ff. VZG. aus dem Auslande wieder eingehenden Waren eine Ausnahme macht (Zollgesetzgebung S. 95) im Gegensatz zu der Rechtsprechung des preußischen Obertribunals.

Linie bezeichnet das Vereinszollgesetz im § 16 als „Zollgrenze“ oder „Zollinie“. Sie fällt grundsätzlich mit den „Landesgrenzen gegen das Vereinsausland“ zusammen, d. h. nach Art. 33 der Reichsverfassung zunächst mit den Grenzen des Deutschen Reiches. Wo das Reich vom Meere begrenzt wird, wofür die Staaten Preußen, Hamburg, Bremen, Oldenburg, Lübeck und Mecklenburg-Schwerin in Frage kommen, bildet die jeweilig den Wasserspiegel begrenzende, mit Ebbe und Flut wechselnde Linie des Landes die Zollgrenze. Demnach gilt für das Zollrecht nicht der völkerrechtliche Satz, daß jedem Staate, der an das Meer grenzt, das Küstengebiet auf Kanonenschußweite vom Ufer hinaus zuzurechnen sei.[1]

Schon die Reichsverfassung und § 16 VZG. sehen die Möglichkeit vor, daß eine Differenz zwischen Zollinie und Reichsgrenze bestehe, wodurch natürlich die Zugehörigkeit der von ersterer ausgeschlossenen Gebietsteile zum Reiche im übrigen nicht berührt wird. Nach Art. 33 Abs. 1 Satz 2 der Reichsverfassung bleiben ausgeschlossen „die wegen ihrer Lage zur Einschließung in die Zollgrenze nicht geeigneten einzelnen Gebietsteile“. Ausschluß wie Einschluß solcher sogenannter „Zollexklaven“ von der Zollinie erfolgt durch eine Verwaltungsvorschrift des Bundesrats. Seine Kompetenz dazu ist doppelt begründet: nach Art. 6 des durch Art. 40 der Reichsverfassung aufrecht erhaltenen Zollvereinsvertrags vom 8. Juli 1867 und nach Art. 7 Ziffer 2 der Reichsverfassung selbst.[2] Gegenwärtig sind von der Zollinie ausgeschlossen[3] Teile der badischen Kreise Konstanz und Waldshut, ferner die Häfen von Hamburg, Bremen, Kuxhaven, Bremerhaven, Gestemünde und Emden und die Insel Helgoland. Eine zweite, in Art. 34 der Reichsverfassung besonders hervorgehobene Gruppe von Zollausschlüssen sind die Freihafengebiete von Hamburg und Bremen. Ihre Besonderheit, die darin besteht, daß ihr Einschluß in das Gebiet nur auf ihren Antrag, nicht nach Ermessen des Bundesrats erfolgen kann und daß Grund ihres Ausschlusses nicht ihre Lage, sondern ihre Eigenschaft als Freihäfen war, ist

---

[1] Laband, Das Staatsrecht des Deutschen Reiches, 4. Aufl., Bd. IV, S. 398.

[2] Laband, Das Staatsrecht des Deutschen Reiches, 4. Aufl., Bd. IV, S. 394.

[3] So Havenstein, Zollgesetzgebung S. 5 u. 22.

lediglich staatsrechtlicher Natur und hat durch den Anschluß des größten Teiles der Hansestädte Hamburg und Bremen an das Zollgebiet zufolge des Bundesratsbeschlusses vom 15. Oktober 1888 wesentlich an praktischer Bedeutung verloren.[1] Für das Zollverwaltungsrecht haben beide Arten von Zollausschlüssen die gleiche Bedeutung; sie liegen außerhalb der Zollinie und die Einfuhr von Waren in sie bringt daher keine Zollschuld zur Entstehung.[2]

Umgekehrt sind auch Zollanschlüsse möglich, d. h. die Zolllinie kann Gebiete einschließen, die staatsrechtlich Ausland bleiben. Und zwar unterscheidet der Art. 2 des insoweit nach Art. 40 der Reichsverfassung fortgeltenden Zollvereinigungsvertrags vom 8. Juli 1867 solche Staaten, die dem Zoll- und Handelssysteme der vertragenden Teile, und solche, die dem Zoll- und Handelssysteme eines dieser Teile angeschlossen sind. Auch dieser Unterschied ist wieder staatsrechtlicher Natur; für das Zollverwaltungsrecht macht es keinen Unterschied, daß das Großherzogtum Luxemburg als dem Zollsysteme des Reiches angegliedert erscheint zufolge des zuletzt unter dem 20./25. Oktober 1865 geschlossenen Anschlußvertrages, während die österreichischen Gemeinden Jungholz (auf Grund des österreichisch-bayrischen Staatsvertrags vom 3. Mai 1868) und Mittelberg (auf Grund des deutsch-österreichischen Vertrags vom 2. Dezember 1892) dem bayrischen Zollgebiete zugerechnet werden und darum auch als dem deutschen Zollgebiete angehörig gelten.[3] Für die Entstehung der Zollschuld haben beide Arten von Zollannexen die gleiche Bedeutung; die Zollschuld entsteht hier nicht durch Passieren der deutschen Reichsgrenze, sondern eines auf ausländischem Gebiet gelegenen Ortes.

Die Unmöglichkeit, die Zollämter überall an der Zollinie anzulegen und so dem Zollschuldner im Momente der Entstehung seiner Verbindlichkeit auch die Möglichkeit zu geben, sie durch Bewirkung der ihm obliegenden Leistung zu tilgen, hat dazu geführt, auf Grund von Staatsverträgen schon im Auslande Zollstellen

---

[1] Laband, Staatsrecht, 4. Aufl., Bd. IV, S. 395.

[2] Vgl. Behr, „Zollausschlüsse und freie Niederlagen", Archiv für öffentl. Recht Bd. XVI, S. 1 ff.

[3] Laband, Staatsrecht, 4. Aufl., Bd. IV, S. 393.

anzulegen und an diesen, also vor Passierung der Zollinie, den Zoll zu fordern. Eine gesetzliche Grundlage für die Anlegung von „exponierten Zollstellen“ fehlt im deutschen Rechte. Die Praxis hat sie aber aus der Erwägung heraus für unnötig erachtet, daß dabei nur eine Ausdehnung der Machtbefugnisse des Reiches in Frage stehe, daß, weil durch die eine exponierte Zollstelle genehmigenden Staatsverträge mit dem Auslande in aller Regel nur Rechte für das Reich begründet werden, es der Form des Reichsgesetzes nicht bedürfe, vielmehr die Errichtung der Zollstelle durch die Landesfinanzbehörde als Verwaltungsmaßregel zu erfolgen habe.[1] Dieser Beweisführung wird beizupflichten sein. Für die Entstehung der Zollschuld ergibt sich daraus die Folgerung, daß die exponierte Zollstelle als Punkt der Zollinie gedacht werden muß. Daher bedeutet Umgehung auch des exponierten Zollamts das Unternehmen einer Zollhinterziehung und hat zur Folge, daß eine Zollschuld entsteht. Das Reichsgericht spricht hier von einer „staatsrechtlichen Fiktion“ und kann daher trotz § 4 des Reichsstrafgesetzbuchs die am exponierten Zollamt unternommene Hinterziehung als eine im Inlande begangene Tat strafen.

4. Die Zollschuld entsteht mit dem Momente der Grenzüberschreitung zu Lasten des Einbringers, und dieser ist daher verpflichtet, die Ware unverändert dem Zollamte zu gestellen.[2] Hier setzt der Streit um das Wesen der Zollschuld am heftigsten ein, indem man sich insbesondere auf die passivische Fassung des § 36 VZG. beruft,[3] wonach der Weg von der Zollinie bis zum Grenzzollamte auf der Zollstraße ohne Abweichung und willkürlichen Aufenthalt und, ohne daß die Ladung eine Veränderung erleidet, fortgesetzt werden muß. Aber daraus kann man nicht die Zulässigkeit des unbegrenzten Wechsels der Transportleiter folgern. Denn abgesehen davon, daß die Pflicht, nicht abzuweichen

[1] Vgl. vor allem Entscheidungen des Reichsgerichts in Strafsachen Bd. XVIII, S. 243ff.; Heidecker, „Exponierte Zollstellen“, Zeitschr. Bd. VII, S. 150f.

[2] Greiner, Zeitschr. Bd. VII, S. 92.

[3] Vgl. besonders Behr, Archiv für öffentl. Recht Bd. XIV, S. 182; auch Hoffmann a. a. O. ist der Ansicht, daß ein Wechsel in der Warenführung auf dem Wege von der Grenze bis zum Zollamt unbeschränkt zulässig sei.

von der Zollstraße und nicht sich willkürlich aufzuhalten, nur für den Warenführer gelten kann, sonach der Fassung des auf die Ladung bezüglichen Satzes ihre angebliche Beweiskraft nimmt, müßte solcher Wechsel stets einen „willkürlichen Aufenthalt" darstellen. Außerdem würde die Abgabe der Transportleitung stets eine „eigenmächtige Verfügung" im Sinne von § 136 Ziffer 6 VZG. darstellen, die die Vermutung der Defraudation begründen, sofern der Entlastungsbeweis nach § 137 Abs. 2 VZG. aber geführt würde, doch als Ordnungswidrigkeit zu ahnden sein würde. Das Gesetz läßt auch sonst erkennen, daß es die Möglichkeit eines solchen Wechsels der Warenführer gar nicht erwägt, so besonders in der Anordnung der Abgabe der die Ladung betreffenden Papiere an etwa errichteten Ansageposten, die für den Warenführer (§ 37) und den Schiffer gilt (§ 74), so bei der Behandlung der vom Auslande kommenden Reisenden (§ 92). Besonders lehrreich ist in dieser Beziehung eine Vergleichung der §§ 21 und 23 Abs. 1 Satz 1, die untrennbar zusammengehören. Denn wenn im § 21 die Vorschriften über Ort und Zeit der Grenzüberschreitung für denjenigen gegeben werden, der zollpflichtige Waren oder zollfreie verpackte Waren „mit sich führt", so ist das eben die Definition des „Warenführers", dem nach § 23 Abs. 1 Satz 1 in erster Linie die Deklaration obliegt. Sachlich stimmt hier unser Gesetz mit dem älteren Zollrechte überein, in dem das Verbot des Wechsels des Warenführers häufig klarer hervortrat. So bestimmte § 1 der sächsischen Zollordnung[1] vom 3. April 1838, der die den §§ 21 und 36 VZG. entsprechenden §§ 29 und 30 des Zollgesetzes vom 3. April 1838 näher erläutert: „Wer aus dem Auslande kommt und zollpflichtige Waren oder zollfreie Gegenstände, letztere in verpacktem Zustande, mit sich führt, darf ... von der Zollinie ab die Zollstraße nicht verlassen, sondern muß sich auf derselben ohne Abweichung und willkürlichen Aufenthalt und ohne eine Veränderung an der Ladung vorzunehmen, mit dieser zum Grenzzollamte begeben." Auch der Fassung des § 13 VZG. darf kein Gegenargument gegen die Unzulässigkeit eines Wechsels des Warenführers bis zur Erreichung

[1] Gesetz- und Verordnungsblatt von 1838, S. 301.

des Grenzzollamtes entnommen werden. Hiernach ist allerdings dem Staate gegenüber derjenige zur Entrichtung des Zolles verpflichtet, welcher zur Zeit, wo der Zoll zu entrichten, Inhaber des zollpflichtigen Gegenstandes ist. Allein damit soll in erster Linie der Umstand hervorgehoben werden, daß nach dem wirtschaftlichen Zwecke des Zolles dessen Träger eine andere Person sein soll als der Verzoller, und das Zollgesetz vom 1. Mai 1838 präzisierte denn auch den Gegensatz zu den Worten „dem Staate gegenüber“ sorgfältig, indem es die Erstattungsansprüche des verzollenden Nichteigentümers gegenüber Absender oder Empfänger erwähnte. Überdies soll zwar dadurch, daß der Wareninhaber zum Zollschuldner erklärt wird, sowohl der Eingangs- wie Ausgangszollpflichtige getroffen werden, da das Tarifrecht früher noch Ausgangszölle kannte (§ 8 VZG.). Aber es wird vom Gesetzgeber dabei übersehen, daß man in allen Fällen der Verzollung zum mindesten zweifelhaft sein kann, ob überhaupt der Verzollende „natürlicher Besitzer“ ist.[1] Denn in allen in § 13 getroffenen Fällen ist die Ware dem Staate zwecks Revision vorgeführt worden; er hat Gewahrsam daran erlangt und kann, wenn keine Verzollung oder Stundung erfolgt, ein Zurückbehaltungsrecht daran ausüben. Es könnte daher höchstens ein Mitgewahrsam des Zollschuldners bestehen. Demnach ist die Formulierung des § 13 VZG. zu ungenau, als daß man aus dieser Bestimmung allein den Moment der Begründung der Zollpflicht entnehmen könnte. Sie paßt vielmehr auch dann, wenn eine Zolldefraude verübt wird, also ein Grenzzollamt niemals erreicht wird oder erreicht werden soll, und die Behauptung Behrs,[2] der Zeitpunkt, in dem der Zoll zu entrichten sei, könne ein früherer als der der Erreichung des Grenzzollamts nicht sein, entbehrt auch deshalb der Begründung.

Aus dem gleichen Grunde erscheint es auch unzulässig, mit Rücksicht auf die in § 13 VZG. erfolgte Gleichstellung des Wareninhabers zur Zeit der Verzollung und dessen, der eine Ware aus einer öffentlichen Niederlage entnimmt, die Fortdauer der persön-

---

[1] Vgl. auch Hausbrand, „Zur Revision des Vereinszollgesetzes“, Zeitschr. Bd. V, S. 18ff.

[2] Archiv für öffentl. Recht, Bd. XIV, S. 182, wo ausdrücklich § 13 VZG. zitiert wird.

lichen Zollpflicht des Niederlegers zu leugnen. Dies ist allerdings die herrschende Meinung.[1] Während bei LABAND die „Hingabe der Ware unter Zollkontrolle", die „Niederlegung", ein der Zahlung völlig gleichwertiges Mittel ist, um der Zollpflicht zu genügen, ist für BEHR ausschlaggebend, daß der Niederleger weder nach § 103 Abs. 4 VZG. die Gefahr des Untergangs oder Verderbs der Ware trage noch einen Zoll nachzuzahlen habe, falls er sich mit der Abholung der Ware im Verzuge befindet. Allein die Gefahr des Untergangs oder Verderbs der Ware trägt der Begleitscheinextrahent ebenfalls nicht, und eine Zollzahlung kann auch nicht in allen Fällen verlangt werden, in denen Waren sonst ordnungsmäßig in die Gewalt der Zollbehörde gelangen. Es besteht daher allerdings eine Zollpflicht auch hinsichtlich der in die öffentliche Niederlage gelangten Waren, und die Gleichstellung derselben mit den soeben eingeführten, einem Grenzzollamte zur Abfertigung vorliegenden Waren beweist nur, daß die rechtliche Lage in beiden Fällen die gleiche ist: es ist eine Zollschuld entstanden, aber sie ist noch nicht fällig.

II. Die Zollschuld wird fällig,[2] sobald die Ware zur freien Verfügung oder zum freien Verkehre abgelassen wird oder in den freien Verkehr wirklich eintritt.

1. Der Begriff des freien Verkehrs wird vom Vereinszollgesetz in § 7 umgrenzt, wonach der Verkehr mit vereinsländischen sowie mit zollfreien oder verzollten ausländischen Waren innerhalb des Vereinsgebiets frei ist. Diese „Freiheit" bedeutet in erster Linie das Verbot der Erhebung zollartiger Abgaben im Inlande, in zweiter auch, wie die Vorbehalte zugunsten der im Grenzbezirke und im Binnenlande für Schmuggelwaren zulässigen Kontrollen

---

[1] LABAND, Staatsrecht, 4. Aufl., Bd. IV, S. 434 (oben § 3 I); BEHR, Archiv für öffentl. Recht Bd. XIV, S. 192ff. Für die Fortdauer sprechen sich aus HAVENSTEIN, Zollgesetzgebung S. 88; GREINER, Zeitschr. Bd. VII, S. 88; doch ziehen diese beiden die nach § 104 VZG. unhaltbare Konsequenz, daß die Niederleger deshalb den Zoll nachzahlen müssen, soweit dieser den Versteigerungserlös übersteige.

[2] Der Ausdruck „fällig" wird gewählt, da er noch am besten die Tatsache auszudrücken scheint, auf die es ankommt. „Fällig" ist aber nicht gleichbedeutend mit zahlbar, vielmehr kann durch besonderen Verwaltungsakt eine Stundung Platz greifen (vgl. darüber unten § 6).

beweisen, die Freiheit von Eingriffen in die Rechtssphäre der einzelnen, insbesondere der Gewerbetreibenden, im Zollinteresse. Weil sonach der „gebundene Verkehr“, wie man den Gegensatz zum „freien Verkehr“ zu bezeichnen pflegt,[1] stets einen Eingriff in die persönliche Freiheit von Einzelpersonen bedeutet, so bedarf er nicht nur überall der gesetzlichen Grundlage, sondern ist auch nur als ein Rechtsverhältnis im Rechtsstaate möglich. Auch das Vereinszollgesetz bezeichnet mit dem Begriffe des freien Verkehrs das rechtliche, nicht bloß, wie Behr[2] meint, das tatsächliche Verhältnis der Freiheit von Zollkontrollen. Damit ist nicht zu verwechseln, daß sehr wohl eine Ware mit oder gegen den Willen der Zollbehörde deren Zugriff zeitweilig entzogen sein, dieser aber wiederherstellbar sein kann. Dies ist z. B. der Fall, wenn zu wenig Zoll bei der Abfertigung gezahlt ist. Dann ist aber der Verkehr mit dem betreffenden Gegenstande nicht frei, weil er noch nicht verzollt ist, also die Voraussetzungen des in § 7 VZG. bestimmten Rechtsbegriffs nicht erfüllt sind.[3] Auch steht nicht entgegen, daß sehr häufig eine Stundung des fälligen Zolls nur unter der Bedingung erteilt wird, daß die Waren unter einer bestimmten Zollkontrolle verbleiben; denn solange die Stundung währt, sind sie eben noch nicht „verzollt“.

2. Erst mit der vollendeten Ablassung der Waren zum freien Verkehr tritt die Fälligkeit der Zollschuld ein. Wird

---

[1] Vgl. z. B. Behr a. a. O., Archiv für öffentl. Recht Bd. XIV, S. 183; Hausbrand a. a. O., Zeitschr. Bd. III, S. 2.

[2] Archiv für öffentl. Recht Bd. XIV, S. 185; gegen ihn Hoffmann, Zeitschr. Bd. I, S. 73f. — Hoffmann läßt das dingliche Recht des Staates am Zollgute nur erlöschen, wenn das Gut mit dem Willen ausgehändigt wird, daß darüber wie ein zollinländisches verfügt werde, erkennt aber an, daß diese Willensrichtung nicht notwendig sei. Er vermutet sie aber im Falle der Stundung.

[3] Die Fälligkeit der Zollschuld ist in diesen Fällen schon mit der Ablassung zur freien Verfügung gegen Zahlung des Zolles eingetreten; in diesem Sinne ist eingangs dieses Abschnittes die „freie Verfügung“ neben den „freien Verkehr“ gestellt worden. Die Regulative brauchen letzteren Ausdruck bisweilen im Sinne des ersteren; daraus erklärt sich die Ansicht Behrs. — Vgl. auch Entscheidungen des Reichsgerichts in Strafsachen Bd. XL, S. 142ff.

freilich versucht, diese Ablassung ganz zu umgehen oder die sie bewirkenden Beamten zu täuschen, so tritt die Fälligkeit schon mit diesem Unternehmen ein. Die Abfertigung zur Verzollung, die aus praktischen Gründen meist erst nach Passierung der Zollinie vorgenommen werden kann, ist lediglich eine Kontrollmaßregel und, soweit sie eine Hinausschiebung der Fälligkeit der Zollschuld mit sich bringt, lediglich im Interesse des Zollschuldners. Deshalb wird ihm überlassen, wann er die Erfüllung der mit der Grenzüberschreitung entstandenen Zollschuld bewirken, ja ob er sie überhaupt bewirken oder nicht vielmehr durch Vernichtung von Bedingungen des Eintritts der Fälligkeit die Zollforderung des Staates illusorisch machen will. Anderseits wird aber eben dadurch verständlich, daß schon das bloße Unternehmen der Zollhinterziehung, d. h. der unzweifelhaft dokumentierte Wille, die Bedingungen der Fälligkeit herbeizuführen, diese selbst entstehen lassen kann.

a) Nicht verpflichtet zur Zollentrichtung wird der Deklarant.[1] Nach § 22 VZG. ist beim Eingang die Ladung speziell zu deklarieren, und zwar besteht eine Deklarationspflicht für den Warenführer, d. h. denjenigen, der den Transport über die Grenze selbständig leitet. Die Deklaration kommt als generelle nur beim Eingange auf Eisenbahnen und seewärts vor und heißt im ersten Falle Ladungsverzeichnis, im zweiten Manifest. Sie enthält keinerlei Wünsche darüber,[2] welche Abfertigungsweise begehrt wird, und kann daher die Fälligkeit der Zollschuld nicht begründen. Der speziellen Deklaration ist ein Antrag auf Abfertigung wesentlich.[3] Abfertigung bedeutet aber noch nicht Ablassung zum freien Verkehre; vielmehr ist nach dem Sprachgebrauche des Vereinszollgesetzes Abfertigung jede zollbehördliche Tätigkeit in bezug auf zollpflichtige Waren. Daher kann die spezielle Deklaration die Ablassung der Ware zur Versendung auf Begleitschein I oder auf ein Verschlußlager begehren und damit die Herbei- Fälligkeit ganz ungewiß lassen. Das Wesen der Deklaration ist

[1] Vgl. Kunckel, Dingliche und persönliche Zollpflicht, Zeitschr. Bd. II, S. 35.

[2] § 22 Abs. 2 VZG., vgl. §§ 63, 75 VZG.

[3] § 22 Abs. 4 VZG.

führung der überhaupt nicht Abgabe einer Willenserklärung, sondern Abgabe einer Wissenserklärung über die eingeführten Waren; ihr Zweck ist, die Revision zu erleichtern und auf einen Teil der Waren zu beschränken und als Gegenkontrolle für die Revision zu dienen.[1] Sie ist im Interesse der Zollbeamten vorgeschrieben, während die Fälligkeit der Zollschuld nach Absicht des Gesetzes von dem Zollschuldner bewirkt wird. Deshalb kann die Deklaration auch ersetzt werden. Sobald der Warenführer das nötige Wissen über die Sendung nicht hat, kann er schriftlich erklären, daß er außerstande sei, eine zuverlässige Deklaration abzugeben, und hiermit den Antrag auf Vornahme der amtlichen Revision verbinden (§ 27 Abs. 2 VZG.). Deshalb ist weiter die Deklaration nicht in allen Fällen vorgeschrieben; vielmehr sind von ihr befreit die Staatsposten für die von ihnen über die Grenze eingeführten zollpflichtigen Gegenstände (§ 91 VZG.) und die Reisenden hinsichtlich der von ihnen aus dem Auslande eingeführten, nicht zum Handel bestimmten Waren (§ 92 VZG.). Wird die Abgabe einer Deklaration unterlassen, so kann dadurch allein die Zollschuld naturgemäß nicht fällig werden. Es tritt daher nur Bestrafung des deklarationspflichtigen Warenführers aus § 152 VZG. ein. Daneben greift ein eigentümliches Verfahren ein, das an das im § 888 ZPO. geordnete Zwangsvollstreckungsverfahren für eine ausschließlich vom Willen des Schuldners abhängige, nicht von einem Dritten vorzunehmende Handlung erinnert und bezweckt, den Pflichtigen zur Abgabe der ihm obliegenden Erklärung zu motivieren. Es besteht darin, daß die Waren auf Kosten und Gefahr der Beteiligten unter amtlichen Gewahrsam oder amtliche Bewachung genommen werden (§ 27 VZG.).

In vielen Fällen allerdings wird die Deklaration in der Hoffnung verweigert werden, daß die Abfertigungsbeamten sich über die Beschaffenheit der Waren und die Höhe der Zollschuld zugunsten des Schuldners irrten. Das nimmt das Gesetz stets an bei Frachtführern, Spediteuren und andern Gewerbetreibenden, sofern die Waren der letzteren in Beziehung zu ihrem Gewerbe stehen, und indem es daher in der Verweigerung der Deklaration durch

[1] Vgl. Havenstein, Zollgesetzgebung S. 75.

diese Personen den Willen zur Herbeiführung der Fälligkeit der Zollschuld ausgedrückt findet, sieht es in ihr das Unternehmen der Defraude (§ 136 Ziffer 1a), läßt jedoch den Entlastungsbeweis nach § 137 VZG. gegen diese Vermutung offen. Im übrigen aber kann ein Deklarationspflichtiger weder zufolge Unterlassens noch zufolge ordnungsmäßiger Abgabe einer Deklaration zur Bezahlung der Zollschuld gezwungen werden.

b) Nicht zollpflichtig wird derjenige, der Vornahme der Revision beantragt hat, dadurch, daß in dieselbe eingetreten wird.[1] Denn die Revision, in Österreich „Beschau“ genannt, ist nur eine Handlung der Zollbehörde, welche ihr einen Teil[2] der Data schaffen soll, deren sie zur Berechnung der Zollschuld bedarf. Ob aber die Fälligkeit der Zollschuld eintreten soll, ist in den Willen des Zollschuldners gesetzt. Daran darf nicht irre machen, daß § 31 VZG. dem „Zollpflichtigen“ die zur Vornahme der Revision erforderliche Darlegung der Waren und die Leistung der nötigen Handreichungen aufgibt und § 29 dem „Zollpflichtigen“ die Wahl läßt, ob er bei den nach dem Reingewichte zu verzollenden Gegenständen das Reingewicht durch Abzug der tarifmäßigen Tara vom Rohgewicht oder durch Verwiegung der Ware ohne Tara oder der Tara allein ermitteln lassen will. Gleichwohl ist diese Ausdrucksweise des Gesetzes ganz zutreffend; denn der Zollpflichtige, von dem hier gesprochen wird, ist derjenige Warenführer, für den mit Einbringung der Ware die Zollschuld entstanden ist, die fällig zu machen es aber noch einer besonderen Willenserklärung seinerseits bedarf.

c) Die Fälligkeit der Zollschuld tritt auch nicht ein mit der Berechnung des Zollbetrags durch die Zollbehörde, denn diese ist wieder nur ein rein behördlicher Akt, der den Willen des Antragstellers nicht bindet. Die Labandsche Ansicht, wonach mit der Feststellung des Zollbetrags die Zollschuld perfekt werde, findet im Vereinszollgesetze keinen Anhalt, die Berechnung des Zolles geschieht lediglich auf Grund der bestehenden Tarife für

[1] Kunckel, Zeitschr. Bd. II, S. 35; vgl. auch Hausbrand, Zeitschr. Bd. V, S. 10.

[2] Hausbrand, Zeitschr. Bd. V, S. 8, 9.

die vorgeführte Ware, eine selbständige Grundlage für die Eintreibung der Zollschuld bildet sie nicht.

d) Sonach bleibt nach dem geltenden Rechte uur die Möglichkeit anzunehmen, daß die Fälligkeit der Zollschuld bedingt sei entweder durch die vollständige oder versuchte Lösung der Ware aus der zollamtlichen Kontrolle auf defraudatorische Weise oder sonst durch die tatsächliche Entfernung der Ware daraus oder, falls die Ware noch in den Händen des Zollamts sich befindet, nur durch reales Anbieten der berechneten Zollsumme, deren Annahme nicht verweigert werden darf.[1] Im letzten Falle muß also stets die Berechnung der Zollsumme erfolgt sein, und zwar unmittelbar als Grundlage für die zuvor — wenn auch in nicht bindender Form für den Ankündigenden — angekündigte Zahlung. Weil nun diese Berechnung erst durch das zur Verzollung abfertigende Amt geschehen kann, die bis dahin mit der Ware vorgegangenen natürlichen oder zufälligen Veränderungen wie auch der Zeitpunkt der Grenzüberschreitung selbst sich regelmäßig der Kenntnis der Abfertigungsbeamten entziehen, so erkennt das Gesetz an, daß bis zu dieser Verzollungsberechnung und der sich anschließenden Zahlung die Höhe der Zollschuld wandelbar ist.[2] In § 9 VZG. ist bestimmt, daß der zur Zeit der Verzollung und nicht der zur Zeit der Grenzüberschreitung geltende Tarif für die Höhe der Zollschuld maßgebend ist. Wird daher von der Grenzüberschreitung bis zur Verzollung etwa die Zollpflichtigkeit der betreffenden Ware beseitigt, so kann eine schon begründete Zollschuld nicht mehr fällig werden. Ebenso ist eine Fälligkeit der Zollschuld dann ausgeschlossen, wenn eine Ware bis zur Ankunft am Grenzzollamte oder während eines Transports unter Begleitschein I oder auf einem Verschlußlager verdorben ist und amtlich vernichtet wird, was auch in den §§ 7 ZTG. und 48, 67 und 103 VZG. anerkannt ist.

e) Die dargelegte Auffassung, wonach beim Vorhandensein der objektiv die Zollschuld begründenden Voraussetzungen erst

[1] Der bloße Verzollungsantrag genügt also nicht, wie Hausbrand, Zeitschr. V, S. 14f. meint. Hausbrand erklärt ihn übrigens selbst für rücknehmbar bis zur tatsächlich bewirkten Verzollung.

[2] Vgl. Hausbrand, Zeitschr. Bd. V, S. 7ff.; vgl. auch §§ 47, 103 VZG.

eine ausdrückliche Willensäußerung des Zollschuldners die Fälligkeit der Zollschuld herbeiführt, zeitigt folgende Konsequenzen:

α) Die Zollbehörde hat kein Mittel, direkt den Zoll für Waren einzutreiben, die ihr vorliegen, wenn der Zollschuldner nach Berechnung des Zollbetrags dessen Berichtigung verweigert. Sie muß sich damit begnügen, ihm die unmittelbare Verfügung über die Sache zu entziehen und so mittelbar auf seinen Willen wirken.

β) Die Zollbehörde muß es dulden, daß der Zollpflichtige vor ihren Augen die Bedingungen der Fälligkeit endgültig vereitelt, indem er den eingeführten Gegenstand unter ihren Augen vernichtet. Hinsichtlich verdorbener Waren ist sie sogar verpflichtet, durch Beaufsichtigung der Vernichtung oder der Verwandlung in nur noch zu Düngzwecken verwendbare Waren mitzuwirken (§ 7 ZTG.; vgl. auch §§ 48, 67 und 103 VZG.).

γ) Die Zollbehörde muß es sich gefallen lassen, daß der Zollschuldner den eingeführten Gegenstand in ihren Händen zurückläßt.[1] Da dies meist aus dem ausgesprochenen Grunde geschieht, daß der Zollschuldner weder den zu hohen Zoll zahlen noch die Wiederausfuhr der Sache veranlassen wolle, so liegt darin ein Verzicht auf das Eigentum an der Sache, und die Behörde wird, sofern sie nicht die Mitwirkung des Zollschuldners zur sofortigen Vernichtung aus freien Stücken erlangt, damit wie mit herrenlosen Fundsachen, für die eine Zollschuld als entstanden gilt, zu verfahren haben (§ 157 VZG.).

δ) Die Zollbehörde muß es dulden, daß der Zollschuldner seinen ursprünglich auf Verzollung gerichteten Abfertigungsantrag ändert,[1] und zwar auch nach Berechnung der Zollschuld. Insbesondere kann er auch dann noch erklären, die Sache über die Grenze zurückführen zu wollen, eine sogenannte „Deklaration zur Wiederausfuhr"[2] abgeben. Eine derartige Zurückführung der Ware bedeutet eine Durchfuhr im technischen, auch von § 6 VZG. anerkannten Sinne; daher war sie nach früherem preußischen

---

[1] Kunckel, Zeitschr. Bd. II, S. 35; Hoffmann, Zeitschr. Bd. I, S. 70.

[2] O. Mayer, Deutsches Verwaltungsrecht Bd. I, S. 407, Note 2 (nach dem Vorgange Trojes).

Recht folgerichtig nur gegen Entrichtung der Durchgangsabgabe gestattet.[1]

III. Die entstandene Zollschuld bedeutet ein Rechtsverhältnis zwischen einem Bundesstaat[2] und dem Zollpflichtigen. Die beiden Subjekte dieses Rechtsverhältnisses können bis zum Eintritt der Fälligkeit der Zollschuld unter gewissen Voraussetzungen wechseln, und es ergeben sich hierbei Rechtsverschiebungen, die an die Zession und die Schuldübernahme des Privatrechts erinnern.

1. Der Staat kann seine Zollforderung nicht auf einen anderen Bundesstaat übertragen, ohne daß der Zollpflichtige ihn dazu veranlaßt. Die Veranlassung gibt der Pflichtige dadurch, daß er Versendung der Ware mit Begleitschein I auf ein Amt beantragt, das in einem anderen Bundesstaate liegt, als das Versendungsamt. Dann vereinnahmt das Empfangsamt den Eingangszoll, natürlich nur in der Höhe, wie er bei der nach Ankunft der Ware vorzunehmenden Revision und Berechnung begründet ist.[3] Sollte daher die Zollpflichtigkeit infolge Tarifänderung aufgehört haben oder die Ware verdorben sein, so bekommt der neue Gläubiger nichts, ohne daß der alte ihn schadlos zu halten brauchte.

Der moderne Staat kann aber nicht mehr die Ausübung seines Zollrechts an Private verpachten, wie das im römischen Kaiserreiche geschah. Eine entgegenstehende Regelung der Zollerhebung durch die Einzelstaaten würde gegen Art. 36 der Reichsverfassung verstoßen, wonach die Erhebung und Verwaltung der Zölle jedem Bundesstaate verblieben ist, „soweit derselbe sie bisher ausgeübt hat“.[4]

---

[1] Greiner, Zeitschr. Bd. VII, S. 89; Hoffmann, Deutsches Zollrecht Bd. I, S. 188, Note 1.

[2] Vgl. Annalen des Kgl. Sächs. Oberlandesgerichts zu Dresden Bd. XV, S. 146f.

[3] § 47 VZG.

[4] Hatte also damals ein Bundesstaat die Erhebung der Zölle bereits einem anderen Bundesstaate übertragen, so blieb das gültig; auch neue derartige Übertragungen des gesamten Erhebungs- und Verwaltungsrechts — nicht der einzelnen Zollforderung — werden zulässig sein.

2. Die Übernahme einer entstandenen Zollschuld durch einen Dritten ist nur möglich unter Mitwirkung der Zollbehörde.[1] In erster Linie kommt der Warenempfänger hier in Betracht. Denn er ist berechtigt, die Ware nach Eingang zu deklarieren und das durch seinen Antrag in der Deklaration in Lauf gesetzte Abfertigungsverfahren durch Zahlung des Zolles zu Ende zu führen (§ 23 VZG.). Es ist weiter im Postverkehre der Warenempfänger, der an Stelle des Einbringers, hier der Postanstalt, zur Deklaration und Verzollung veranlaßt wird, sofern er am Orte eines zur Abfertigung des Zollstücks befugten Zollamts wohnt.[2] Eine andere Art der Übernahme der Zollschuld ist die Umschreibung von in öffentliche Niederlagen verbrachten Zollgütern auf das Konto eines anderen Niederlegers, wie sie nach § 13 des Niederlagerregulativs geschehen kann. Auch dadurch kann eine Änderung in der Person des Zollschuldners eintreten, daß ein auf Begleitschein I gesandtes Gut unterwegs eine andere Bestimmung erhält und unter Wechsel des Warenführers erneut auf Begleitschein I abgefertigt wird (§ 23ff. des Begleitscheinregulativs).

Eine ganz eigentümliche Art des Wechsels des Zollschuldners ergibt sich endlich bei denjenigen Zollgütern, hinsichtlich deren eine Zollschuld zwar entstanden, aber noch nicht fällig geworden ist, durch die Möglichkeit der Defraude. Denn mit Bezug auf sie kann noch unternommen werden, die Eingangsabgabe zu hinterziehen, und zwar ganz allgemein mit der Wirkung, daß der Defraudant Zollschuldner wird. Jeder, der eine Ware auf dem Wege von der Grenze zu dem landeinwärts gelegenen Grenzzollamte ihrem Führer entzieht, um damit die Kontrolle der Grenzbeamten und die Zollzahlung zu umgehen, jeder, der eine unter Begleitschein I oder unter Ladungsverzeichnis reisende Sendung der Macht der Zollbehörde entrückt, jeder, der unbefugt und

[1] Natürlich können auch zivilistische Verträge des Inhalts geschlossen werden, daß ein Dritter dem Zollschuldner gegenüber eine bestehende fällige Zollschuld übernimmt. Sie können die Rechte des Staates nie mindern, höchstens, wenn sie als Verträge zugunsten eines Dritten aufzufassen sind, mehren. Der neue Schuldner ist dann aber nie eigentlicher, d. h. kraft öffentlichen Rechts verpflichteter Abgabenschuldner.

[2] Postzollordnung vom 28. Januar 1909 § 8 (Reichszentralblatt 1909 S. 42).

ohne Abfertigung Waren aus einer öffentlichen Niederlage entfernt, begründet damit die Fälligkeit des Zollanspruchs, und zwar gegen sich. Hier zeigt sich deutlich, daß man der Feststellung des Zollbetrags eine entscheidende Bedeutung für die Entstehung der Zollschuld nicht beimessen darf; denn wo wäre in diesen Fällen eine solche Feststellung? Vielmehr ist der Grund für diesen Übergang der Zollschuld darin zu suchen, daß der Zollpflichtige mit seiner Ware durch die Grenzüberschreitung, die Übernahme des Begleitscheingutes oder die Niederlegung in ein besonderes Gewaltverhältnis eingetreten ist, das seine Grundlage in den Bestimmungen des Vereinszollgesetzes findet. In diesem Gesetze aber werden die näheren Regelungen desselben dem Bundesrat überlassen. Die Begründung dieses Gewaltverhältnisses für die Zollbehörde, dem O. Mayer[1] den Namen der Überwachungsgewalt gegeben hat, erfolgt durch den Übergang über die Grenze oder durch Eintritt in den Machtkreis der Niederlage oder der im Begleitschein I verkörperten Zollgewalt, also durch tatsächliche Vorgänge.[2] Für den Niederleger verknüpft sich freilich in der Zulassung seines Gutes zur Niederlage, für den Extrahenten des Begleitscheins I durch dessen Bewilligung ein Verwaltungsakt mit dem Eintritte in den Machtkreis.[3] Aber dieser Verwaltungs-

---

[1] Deutsches Verwaltungsrecht Bd. I, S. 439.

[2] O. Mayer, Deutsches Verwaltungsrecht Bd. I, S. 440f.

[3] O. Mayer leugnet hier jede „rechtsgeschäftliche Unterwerfung" (Deutsches Verwaltungsrecht Bd. I, S. 443, Note). Allein so gewiß ein Verwaltungsakt nicht notwendig ist, um die Überwachungsgewalt der Zollbehörde zu begründen, so ist er doch möglich, um sie näher zu bestimmen. und keineswegs überflüssig. Denn die über Begleitscheingut bestehende Überwachungsgewalt ist abhängig davon, daß die Behörde auf Ansuchen den Begleitschein I ausstellt und übergibt, und nur der Inhaber des Niederlagescheins, dessen Ausstellung von dem Ansuchen des Niederlegers bedingt ist, hat die vollen Rechte aus der Niederlegung gegenüber der Zollbehörde, gleichviel ob die Niederlage selbst unter deren Verwaltung steht oder nicht. Steht sie unter solcher Verwaltung, so wird man übrigens nicht, wie Mayer will, den Vertrag über Benutzung der Niederlage als zivilrechtlichen „Mietvertrag" auffassen und von der Gewährung der Fortdauer des Schwebens der Zollpflicht völlig loslösen dürfen; der Niederlageschein pflegt in diesem Falle auch den angeblichen „Mietvertrag" mit zu beurkunden, wodurch auch äußerlich die Einheitlicheit des Rechtsverhältnisses zum Ausdruck kommt.

akt ist selbst erst wieder ein Ausfluß des ohnedies bestehenden Gewaltverhältnisses und nicht dessen allgemeine Voraussetzung. Darum kann das Niederlageregulativ in § 1 Pflichten aufstellen für jeden, der die Niederlage betritt, und das Institut des Begleitscheins I außer dem Extrahenten auch jedem Warenführer, der mit der Extrahierung nichts zu tun hat, weitgehende Verpflichtungen auferlegen (§ 44 Abs. 2 VZG., § 41 des Begleitscheinregulativs). Innerhalb dieser Überwachungsgewalt vollzieht sich daher auch die Herbeiführung der Fälligkeit der Zollschuld gegen einen Dritten durch tatsächliches Inbeziehungtreten zu der Ware mit der unzweifelhaft bekundeten Absicht, sie dieser Gewalt zu entziehen.

IV. Die Zollforderung des Staates erlischt auf verschiedene Weisen.

1. Die regelmäßige Art ihres Erlöschens ist die ordnungsmäßige Zahlung der Eingangsabgaben. Werden diese infolge einer irrtümlichen Tarifierung oder aus anderen Gründen zu niedrig berechnet, so ist der Restbetrag nachzufordern (§ 15 VZG.) und zwar von demjenigen, der die erste Zahlung geleistet und damit die Fälligkeit der Zollschuld gegen sich begründet hatte. Dabei könnte man durch allzu genaue Auslegung des § 13 VZG. auf den Gedanken kommen, als sei nur diejenige physische Person — der Kutscher, der die bahnlagernde Ware unter Verzollung abholt, oder das Dienstmädchen, das auf das Postzollamt geschickt wird — zur Nachzahlung verbunden, die die Ware seinerzeit in Empfang genommen hat. Allein § 13 VZG. kann vermöge seiner Fassung, wie schon oben S. 46 dargetan, nicht zu wörtlich verstanden werden. Die einzige Vorschrift aber, die sich nur mit fälligen Zollforderungen beschäftigt, statuiert — wenn auch aus strafrechtlichen Gesichtspunkten heraus — wenigstens für Handel- und Gewerbetreibende schlechthin eine Haftung für die Besitzdiener (§ 153 VZG.). Man wird daher auch in jenen Fällen, wo ein Besitzdiener ohne strafrechtliches Verschulden eine irrtümlich zu niedrig tarifierte oder zollfrei gelassene Ware für den Besitzherrn in Empfang genommen und an ihn auftragsgemäß abgeliefert hat, den Besitzherrn[1] als den nachzahlungspflichtigen

[1] Vgl. HAUSBRAND, Zeitschr. Bd. V, S. 19.

Zollschuldner ansehen müssen; ist er doch auch derjenige, dem die durch die Zahlung ausgelöste Freigabe der Ware von vornherein hat zugute kommen sollen und auch zugute gekommen ist. Zum mindesten würde man nach der Ausgestaltung, die das Bürgerliche Gesetzbuch dem Besitz gegeben hat, den Besitzherrn als mit dem Besitzdiener gesamtschuldnerisch auf den ganzen nachzuzahlenden Betrag verpflichtet ansehen müssen.[1,2]

Die Zahlung der Zollschuld muß durch gesetzliche Zahlungsmittel, also in der Regel durch Metall- oder Papiergeld erfolgen. Für gewisse Fälle bildet jedoch der Einfuhrschein ein gesetzliches Zahlungsmittel für die Zollschuld.

Einfuhrscheine werden erteilt nach Maßgabe von § 11 Ziffer 1 ZTG. und der Einfuhrscheinordnung vom 17. Februar 1906 (Zentralblatt für das Deutsche Reich Jahrg. 1906, S. 316ff.)

a) auf Antrag des Warenführers, Warenversenders oder Niederlegers für die Ausfuhr von Roggen, Weizen, Spelz, Gerste, Hafer, Buchweizen, trockenen Hülsenfrüchten, Raps und Rübsen aus dem freien Verkehre des Zollvereinsgebiets (§ 1 der Einfuhrscheinordnung);

b) auf vorherigen besonderen Erlaubnisschein und einen bei der Ausfuhr jeder Post zu stellenden Antrag, den Inhabern von Mühlen und Mälzereien bei der Ausfuhr der von ihnen selbst aus Getreide oder Hülsenfrüchten der unter a) genannten Art im freien Verkehre des Zollgebiets hergestellten Erzeugnisse, sowie Inhabern von Ölmühlen bei der Ausfuhr der von ihnen selbst aus Raps oder Rübsen im freien Verkehr des Zollgebiets hergestellten Öle (§ 3 der Einfuhrscheinordnung).

Die Aufnahme in eine öffentliche Niederlage oder in ein unter amtlichem Mitverschluß stehendes Privatlager steht nach § 9 der Einfuhrscheinordnung der Ausfuhr gleich.

Der Wertbestimmung des Einfuhrscheins ist der vertrags-

---

[1] Der mittelbare Besitzer des § 868 BGB. ist als solcher niemals Zollschuldner.

[2] Die Zahlung braucht nicht vom Zollschuldner, sondern kann auch von einem Dritten geleistet werden. Die Zollbehörde kann aber durch Ablehnung der Leistung des Dritten nicht in Verzug kommen (vgl. §§ 267, 293 BGB.; siehe auch unten § 8 am Ende).

mäßige Zollsatz der betreffenden Fruchtgattung, bei Gerste und Gerstenmalz der Zollsatz von 1,30 M. für 1 dz Gerste zugrunde zu legen. Die Unterlagen für die Berechnung werden teilweise durch Revision der vor der Ausfuhr vorzuführenden Waren, teilweise durch die von deren Anmelder abzugebenden Versicherungen beschafft, von denen die wesentlichste die Herstammung der Waren aus dem freien Verkehr bezeugen muß.

Der einmal ausgestellte Einfuhrschein enthält zwar den Namen dessen, der seine Ausstellung beantragt hat, seine Verwertung aber steht jedem Inhaber frei. Und zwar ist jeder Inhaber eines Einfuhrscheins berechtigt, ihn innerhalb einer Frist von sechs Monaten, vom Tage der Ausstellung an gerechnet, bei Begleichung von Zollgefällen für eine oder mehrere derjenigen Fruchtarten, für die Einfuhrscheine ausgestellt werden können, oder für rohen Kaffee oder für Erdöl bei jeder Zoll- und Steuerstelle des Vereinsgebiets statt barer Zahlung in Anrechnung bringen zu lassen. In der Regel dürfen Einfuhrscheine jedoch nur dann in Zahlung gegeben werden, wenn die Herbeiführung der Fälligkeit dadurch erfolgen soll. Soll eine fällige Zollschuld, für die durch besonderen Verwaltungsakt Stundung gewährt worden ist, damit getilgt werden, so dürfen die Waren, durch deren Einfuhr sie begründet ward, nur Erdöl und Kaffee sein (§ 20 Abs. 1 der Einfuhrscheinordnung). Nur dürfen nach § 16 Abs. 2 der Ölmühlenzollordnung vom 17. Februar 1906 (Zentralblatt für das Deutsche Reich 1906, S. 376) noch gültige Einfuhrscheine für den Betrag in Zahlung gegeben werden, der sich bei der vierteljährlichen Abrechnung mit dem Inhaber eines Ölmühlenkontos zu dessen Lasten ergibt, also auf einen (bis zum Abrechnungstage) gestundeten Betrag, unter der Voraussetzung allerdings, daß der Tag der im Einfuhrscheine vermerkten Ausfuhr in das Abrechnungsvierteljahr fällt. Ist die Zollschuld, auf die ein Einfuhrschein in Zahlung gegeben wird, kleiner als der Betrag, auf den der Schein lautet, so braucht ihn die Zollbehörde nur anzunehmen, wenn auf die Anrechnung des Restes des im Scheine vermerkten Betrages überhaupt verzichtet wird. Doch ist es zulässig, daß der Betrag eines Einfuhrscheines auf die Zollschulden mehrerer Zahlungspflichtiger angerechnet wird, wenn diese Schulden gleichzeitig getilgt werden sollen. Bares Geld wird dagegen auf einen Einfuhrschein niemals gewährt (§ 20 Abs. 2 der Einfuhrscheinordnung). Zug um Zug gegen die Anrechnung muß der Inhaber des Scheines auf diesem eine Quittung leisten und den Schein mit dieser dem Zollamt zur Entwertung und Aufbewahrung als Kassenbeleg zurückgeben.

Der Einfuhrschein ist sonach nur beschränkt verwertbar. In dieser Beschränkung aber hat sich der Staat durch Ausstellung der Urkunde verpflichtet, dem Inhaber die zollpflichtige Ware auch mangels barer Zahlung freizugeben gegen Rückgabe der Urkunde. Das Recht aus der Urkunde ist an deren Besitz geknüpft; der aus dem Papiere Verpflichtete ist nicht gezwungen, die Legitimation des Inhabers zur Inhabung zu prüfen, ehe er leistet. Das Recht des Inhabers aber geht darauf, daß eine öffentlichrechtliche Schuldverbindlichkeit durch Annahme dieses Papieres getilgt werde. Der einzige Unterschied zwischen den sogenannten Inhaberpapieren und den Einfuhrscheinen besteht sonach darin, daß jene ein privates,[1] diese ein öffentliches Recht verbriefen, ein Recht freilich, das inhaltlich ebensowohl Gegenstand privater wie öffentlichrechtlicher Rechtsverhältnisse sein kann. Demgemäß sind die im Privatrechte für die Inhaberpapiere gegebenen Regeln für Einfuhrscheine insoweit anwendbar, als nicht auf Grund ihres öffentlichrechtlichen Charakters besondere Vorschriften bestehen.[2] Letzteres ist der Fall betreffs der Ausstellung, des Inhalts und der Kraftloserklärung der Scheine, auf welch letztere kein Anspruch besteht. Unanwendbar ist auch die für Inhaberschuldverschreibungen geltende Bestimmung, wonach diese auf einen bestimmten Namen umgeschrieben werden können, und zweifelhaft, wenn auch zu bejahen dürfte die Frage sein, ob der Staat auch aus einem Einfuhrscheine verpflichtet wird, der der Behörde nach Ausstellung gestohlen worden oder verloren gegangen oder sonst ohne ihren Willen in den Verkehr gelangt ist. Unbeschränkt finden dagegen die Vorschriften auf

[1] Vgl. statt andere Brunners Abhandlung: „Die Wertpapiere“ in Endemanns Handbuch des deutschen Handels-, See- und Wechselrechts, Leipzig 1882, S. 147 a. a. O.

[2] Wach, Handbuch des deutschen Zivilprozeßrechts Bd. I, S. 90.

Einfuhrscheine Anwendung, die für die Übertragung von Inhaberpapieren gelten. Durch die Übergabe des Papiers und Einigung des Gebers und Empfängers wird daher das Eigentum an und damit das Recht aus dem Einfuhrscheine übertragen. Ebenso gelten die Vorschriften über den Erwerb von Inhaberpapieren vom Nichtberechtigten (§ 935 Abs. 2 BGB.) schlechthin auch für Einfuhrscheine, für deren Besitzer auch stets die Eigentumsvermutung des § 1006 Abs. 1 Satz 2 streitet. Nur die Ersitzung hat von den zivilen Erwerbsgründen für die Einfuhrscheine keine Bedeutung wegen ihrer kurzen Gültigkeitsdauer. Das Gläubigerrecht, das der dritte Inhaber aus dem Einfuhrscheine durch dessen Erlangung erwirbt, ist ein originäres Recht und kommt neu und selbständig in seiner Person zustande; für die im Rechte der Wertpapiere von E. Jacobi vertretene Vertragstheorie[1] bleibt hier kein Raum.

2. Die Zollforderung erlischt sodann durch Verjährung. Die Verjährungsfrist beträgt für alle Forderungen und Nachforderungen von Zollgefällen nach § 15 VZG. ein Jahr und wird von dem Tage an gerechnet, an dem die Zollschuld fällig geworden und deshalb endgültig festgestellt worden ist. Nur hinsichtlich der Forderung defraudierter Gefälle schreibt § 164 Abs. 2 VZG. eine verlängerte Verjährungsfrist vor, nämlich eine solche von fünf Jahren, vom Tage der Hinterziehung an gerechnet.

Die Wirkung der Verjährung ist Vernichtung des staatlichen Zollanspruchs.[2] Dieser wird nicht etwa bloß mit einer Einrede behaftet, auf Grund deren der Zollschuldner die Zahlung verweigern könnte, die aber den Anspruch ruhig fortbestehen ließe. Vielmehr geht dieser endgültig unter, und daher hat derjenige, der in Unkenntnis der eingetretenen Verjährung Zollgefälle entrichtet hat, „zu Ungebühr“ gezahlt und deshalb den in § 15 VZG. geordneten Ersatzanspruch.

3. Die Zollschuld endigt schließlich durch Erlaß. Von einem Erlaß kann man nur dann sprechen, wenn er ein Akt des freien

---

[1] Jakobi, Wertpapiere (1901) S. 166ff., gegen ihn u. a. Cosack, Lehrbuch des bürgerl. Rechts, 4. Aufl., Bd. II, S. 368ff.

[2] Vgl. Hoffmann, Die öffentlichrechtliche Verjährung, Hirths Annalen Bd. XXXI, S. 219 a. a. O.; O. Mayer, Deutsches Verwaltungsrecht Bd. I, S. 421.

Ermessens des Zollberechtigten ist, nicht schon dann, wenn der Forderungsberechtigte sich lediglich unter gewissen ihm als erfüllt nachzuweisenden Bedingungen durch einen ihn selbst verpflichtenden Verwaltungsakt bereit erklärt, in einem späteren Zeitpunkt definitiv von einer Zollerhebung absehen zu wollen. Diese letzteren Fälle sind im folgenden Paragraphen besonders zu besprechen. Jener echte Zollerlaß aber, der hier gemeint ist, ist seinem Wesen nach ein Gnadenakt,[1] der sich jedoch im Gegensatz zu dem Begnadigungsrecht nicht auf Strafen, auch nicht auf Geldstrafen und Konfiskationen in Zollsachen erstreckt. Da nun Reichsgesetze durch kaiserliche Erlasse auch im Einzelfalle niemals außer Kraft gesetzt werden können, das Vereinszollgesetz[2] aber im Interesse einer geordneten Reichsfinanzverwaltung den Zollbehörden eine Pflicht zur Abgabenerhebung auferlegt, so ergibt sich, daß Erlasse von Zöllen durch den Kaiser — er kommt, da es sich um Reichseinnahmen handelt, zunächst in Frage — durch sogenannte „justifizierende Kabinettsordres" nur zulässig wären, soweit sie das Gesetz vorsähe.[3] Da das Gesetz aber schweigt, so sind solche Zollerlasse durch den Kaiser rechtlich unstatthaft. Dagegen dürfen nach Art. 15 des Zollvereinigungsvertrages vom 8. Juli 1867 die Einzelstaaten, denen die Erhebung und Verwaltung der Zölle ja auch obliegt, einzelne Gegenstände auf Freipässe, ohne Zoll zu fordern, eingehen lassen. Das geschieht insbesondere mit solchen Gegenständen, die für das landesherrliche Haus oder für die bei den Höfen der Landesherren akkredierten diplomatischen Vertreter bestimmt sind.[4] „Dergleichen Gegenstände werden jedoch zollgesetzlich behandelt und in Freiregister, mit denen es wie mit den übrigen Zollregistern zu halten ist, notiert, und die Abgaben, welche davon zu erheben gewesen

[1] Vgl. Laband, Staatsrecht des Deutschen Reiches, 4. Aufl., Bd. IV, S. 525ff.; O. Mayer, Deutsches Verwaltungsrecht Bd. I, S. 429ff.: „Steuererlaß bedeutet die Aufhebung einer entstandenen, nicht von selbst wieder rückgängig werdenden Steuerpflicht durch Verfügung im Einzelfall" (S. 429).

[2] Darüber, daß das VZG. als Reichsgesetz zu gelten hat, vgl. Havenstein, Zollgesetzgebung S. 5ff.

[3] Laband, Staatsrecht des Deutschen Reiches, 4. Aufl., Bd. IV, S. 526f., vgl. auch S. 529 sub 2.

[4] Vgl. Havenstein, Zollgesetzgebung S. 12ff.

wären, kommen bei der demnächstigen Revenuenausgleichung demjenigen Staate, von welchem die Freipässe ausgegangen sind, in Abrechnung" (Art. 15 des Zollvereinigungsvertrags). Doch wird nach dem Bundesratsbeschlusse vom 6. November 1902 und 25. Mai 1905 den beim Deutschen Reiche und beim Großherzogtum Luxemburg beglaubigten diplomatischen Vertretern die Zollfreiheit für Anzugsgut und sonstige Gebrauchs- oder Verbrauchsgegenstände auf Rechnung des Reiches gewährt. Ein Zollerlaß liegt auch vor, wenn mit Zustimmung der obersten Landesfinanzbehörde des Bestimmungsorts Gegenstände zollfrei gelassen werden, die als Geschenke eines fremden Staatsoberhauptes eingehen (Bundesratsbeschluß vom 12. Dezember 1889, Zentralblatt für das Deutsche Reich 1889, S. 589). Inwieweit die einzelstaatlichen Behörden zu den obenerwähnten Zollerlassen auf privative Rechnung befugt sind, die für sie stets zugleich eine Staatsausgabe bedeuten, bestimmt sich nach Landesstaatsrecht.

Eine besondere Gruppe von Zollerlassen regelt die Anweisung zur Ausführung des Vereinszollgesetzes in Nr. 32 (Zentralblatt für das Deutsche Reich 1888, S. 495), die sich als Ausführungsbestimmung zu § 118 Abs. 2 VZG. gibt. Während aber das Gesetz nur von einem Zollerlaß spricht, der gegebenenfalls „für die aus dem freien Verkehr des Zollvereins nach dem Ausland gesandten Gegenstände beim Wiedereingange oder die vom Auslande eingegangenen Gegenstände beim Wiederausgange aus Billigkeitsrücksichten gewährt werden darf", geht die Anweisung bedeutend weiter. Sie ermächtigt die oberste Landesfinanzbehörde nämlich auch zur Bewilligung von Erlaß auf gemeinschaftliche Rechnung, „wenn Wäsche, Kleidungsstücke, Hausgeräte oder sonstige Naturalunterstützungen für durch Brand oder andere Elementarereignisse Beschädigte eingehen" oder „wenn gebrauchte Gegenstände, wie Betten, Hausgeräte und Handwerkszeug, nachweislich für Unbemittelte zur eigenen Benutzung als Geschenk aus dem Auslande eingehen" (Reichszentralblatt 1900, S. 635). Anderseits gehören von den in § 118 Abs. 2 aufgezählten Fällen unter den hier besprochenen Begriff des Erlasses weder diejenigen, bei denen anläßlich der Wiederausfuhr vorher eingeführter verzollter Gegenstände der Zoll zurückgezahlt wird, noch diejenigen, in denen sich die Zollbehörde vor der Ausfuhr gewisser Gegenstände durch eine auf Antrag ergangene Entscheidung verpflichtet hat, bei der Wiedereinfuhr derselben Gegenstände von einer Zollerhebung abzusehen (vgl. oben § 5 I, 2 S. 40f.); denn hier kommt durch die Einfuhr gar keine Zollschuld zur Entstehung. An echten Fällen von Erlassen der Zollschuld auf Grund von § 118 Abs. 2 VZG. zählt aber Nr. 32 der Anweisung zur Ausführung des Vereinszollgesetzes beispielsweise auf: diejenigen, die gewährt werden können bei der Wiedereinfuhr von Gegenständen, welche aus dem freien Verkehr des Zollgebiets irrtümlich in das Ausland befördert oder sonst in das Ausland versandt, aber nicht in die Hände des Adressaten gelangt, vielmehr im Auslande im Gewahrsam der Post-, Zoll- oder Eisenbahnverwaltung bzw. einer Polizei- oder Gerichtsbehörde geblieben sind oder bei der Rücklieferung von Gegenständen im strafrechtlichen Verfahren oder auch außerhalb desselben, sofern jene infolge strafbarer Handlungen, insbesondere Diebstahl und Raub, aus dem freien Verkehr des Inlands erst in das Ausland gebracht sind, oder bei der Versendung von Gegenständen aus dem Inlande durch das Ausland nach dem Inland, sofern die im § 111 VZG. vorgeschriebene Abfertigung beim Ausgange aus dem Inlande unterblieben ist usw. Diese Zollerlasse unterscheiden sich von den Fällen, wo ein vorausgegangener Verwaltungsakt oder eine gesetzliche Bestimmung die Zollfreiheit eines an sich zollpflichtigen Gegenstandes begründet, deutlich dadurch, daß im letzteren Falle die Zollfreiheit beim Vorliegen der vorgeschriebenen Bedingungen ohne weiteres gegeben ist, im ersteren Falle dagegen die Zollbehörde von Fall zu Fall frei prüft, ob sie die Abgabenerhebung unterlassen will, und dazu selbst dann niemals verpflichtet ist, wenn sie die Voraussetzungen der Nr. 32 der Anweisung zur Ausführung des Vereinszollgesetzes als vorliegend erachtet. Es besteht ein subjektives öffentliches Recht des Schuldners auf Zollfreiheit, aber nicht auf Zollerlaß; darin besteht das sicherste Kennzeichen, mit welcher Art von Zollvergünstigung man es im Einzelfalle zu tun hat.[1]

---

[1] Darüber, daß die Zollfreiheit teils unmittelbar kraft Gesetzes, teils erst kraft eines, meist erst ins freie Ermessen der Behörden gestellten Ver-

§ 6.

Die Stundung des Zolls und die Bedingtheit der Zollschuld.[1]

I. Die fällige Zollschuld kann von dem Zollberechtigten unter gewissen Voraussetzungen gestundet werden. In diesem Falle begnügt er sich daher mit einem verbalen Angebote der Zahlung und sieht von dem Realangebote ab, indem er erklärt, sein Forderungsrecht erst zu einem späteren Zeitpunkte ausüben zu wollen. Die Formen, in denen der Zoll gestundet wird, sind verschieden, je nachdem die Stundung angeknüpft wird an die Bewilligung allen oder einzelnen Zollpflichtigen offenstehender Einrichtungen oder ob sie unabhängig von solchen durch einen im Einzelfalle bindenden Verwaltungsakt gewährt wird. Nur von der letzteren Art der Stundung sei zunächst gesprochen.

Sie findet jetzt ihre rechtliche Grundlage in § 12 des Zolltarifgesetzes vom 25. Dezember 1902, auf Grund dessen der Bundesrat die Zollstundungsordnung vom 23. Januar 1906 erlassen hat (Reichszentralblatt 1906, S. 128ff.). Nach § 1 derselben können die Zölle den Zahlungspflichtigen von dem zuständigen Hauptamte gegen Sicherheitsleistung auf drei Monate gestundet werden, und zwar zinsfrei. An Stelle der Barzahlung muß der Antragsteller, in dessen Person damit die Zollschuld fällig wird, im Stundungsanerkenntnis übergeben, das, soweit nicht die oberste Landesfinanzbehörde Ausnahmen zuläßt, über einen Zollbetrag von mindestens 50 Mark lauten muß (§ 3 der Zollstundungsordnung). Die Stundungsfrist beginnt mit dem Tage dieser Übergabe als dem Fälligkeitstage oder, falls die Beträge bereits einmal zufolge Ausstellung eines Begleitscheins II eine Zeit lang gestundet waren, mit dem Tage der Vorlegung des Begleitscheins, beziehentlich falls diese unterblieben ist, mit dem Tage, an welchem die Vorlegung hätte erfolgen müssen (§ 4 Abs. 1 der Zollstundungsordnung). Die Frist endet jedoch nicht, wie im Privatrecht, mit dem Tage, der durch seine Benennung dem Anfangstage der Frist entspricht (§§ 187 Abs. 1, 188 BGB.), sondern schlechthin mit dem 25. des-

waltungsakts eintritt; vgl. oben S. 41. — A. M.: O. Mayer, Deutsches Verwaltungsrecht Bd. I, S. 431.

[1] Vgl. zu dem Folgenden vor allem O. Mayer, Deutsches Verwaltungsrecht Bd. I, S. 406ff.

jenigen Monats, in welchem die Stundungsfrist abläuft, und falls dieser ein Feiertag ist, mit dem vorhergehenden Werktage, beträgt also fast niemals genau drei Monate, sondern bald mehr, bald weniger.

Grundsätzlich soll diese Stundung nur eine kurzfristige sein. Sie wird deshalb nur gewährt, wenn sie sofort nach Begründung der Fälligkeit der Zollschuld beginnt; ist vorher schon eine andere Stundungsform beansprucht worden, so ist sie unzulässig, so hinsichtlich der auf Grund von Abrechnungen zu zahlenden Zollbeträge, für die aus Privattransit- und Privatteilungslägern ohne amtlichen Mitverschluß[1] und aus fortlaufenden Konten in den freien Verkehr übergeführten Waren, sowie hinsichtlich aller aus dem Veredelungsverkehr zu zahlenden Zollbeträge (§ 2 Ziffer 2 der Zollstundungsordnung). Einzige Ausnahme bildet hier der seinem Wesen nach stets nur ganz kurzfristige Stundung gewährende Begleitschein II. Aus besonderen wirtschaftlichen Erwägungen heraus ist die in der Zollstundungsordnung geregelte Vergünstigung nach § 2 Ziffer 1 weiter ausgeschlossen für Getreide, Müllerei- und Mälzereierzeugnisse; die einzigen Stundungsformen, die für den durch Einfuhr dieser Waren fällig gewordenen Zoll in Anspruch genommen werden können, sind gewisse Lagerarten und der Begleitschein II (Zollstundungsordnung § 6).

Für den gestundeten Zoll, der grundsätzlich nicht wegen Zahlungsunfähigkeit des Pflichtigen, sondern um ihm erhöhten Kredit und erhöhtes Betriebskapital zu verschaffen,[2] erst nachträglich eingehoben wird, ist nach Vorschrift der obersten Landesfinanzbehörde regelmäßig Sicherheit zu leisten (§ 1 ZStO.). Die Stundung darf schließlich nur unter der Bedingung gewährt werden, daß sie nach Anordnung der obersten Landesfinanzbehörde oder auf Grund des Bundesratsbeschlusses vom 4. Juli 1891 durch den Reichskanzler sofort rückgängig gemacht werden kann. Diese jederzeitige Widerruflichkeit von seiten der Behörde haftet jeder Stundung an, mag sie bei der Erteilung besonders betont worden sein oder nicht. Die Stundung gewährt daher niemals ein subjektives öffentliches Recht auf Einhaltung der Stundungsfrist; jede während des Laufs der Frist neu ergehende Anordnung der Landesfinanz-

[1] Vgl. auch § 16 des Privatlagerregulativs (Reichszentralblatt 1888, S. 238).
[2] O. Mayer, Deutsches Verwaltungsrecht Bd. I, S. 411.

behörde äußert sofort ihren Einfluß. Es versteht sich anderseits von selbst, daß der Zollschuldner jederzeit, auch vor Fristablauf zahlen kann.

II. Während bei der soeben besprochenen Stundungsform sowohl Gewährung wie Entziehung der Vergünstigung in das freieste Belieben der Behörden gestellt war, besteht ein Rechtsanspruch jedes Zollschuldners auf Teilnahme an der im Gesetze vorgesehenen und wesentlich eine Stundung mit gleichzeitigem Wechsel des Erhebungsamtes bezweckenden Einrichtung des Begleitscheins II. Der Begleitschein II muß nach § 51 VZG. den Betrag des „gestundeten Eingangszolls" enthalten, soll aber nicht in voller Allgemeinheit zu Stundungszwecken ausgebeutet werden können. Darum schreibt § 21 Abs. 3 des Begleitscheinregulativs vor, daß Begleitscheine II nur auf dasjenige Amt gezogen werden dürfen, in dessen Bezirk der Bestimmungsort der Sendung liegt und daß, um dies zu kontrollieren,[1] einerseits die Vorführung der Ware beim Empfangsamt angeordnet, anderseits die Vorlegung der Frachtbriefe über Versendung des Zollgutes an den angegebenen Empfänger vom Ausfertigungsamte verlangt werden kann (§ 48 Begleitscheinregulativs). Auch durch möglichste Beschränkung der Vorführungsfristen kann die Stundungswirkung abgeschwächt werden. Eine Nichtbefolgung dieser beschränkenden Vorschriften kann zwar als Ordnungswidrigkeit zur Strafe gezogen werden, macht aber die Stundung nicht hinfällig. Auch wenn die Einzahlungsfrist versäumt ist, muß das Empfangsamt noch nachträglich den Begleitschein erledigen (Begleitscheinregulativ § 48). Sofern die Ausfertigung des Begleitscheins überhaupt zulässig war und der darin angegebene Empfangsort sich mit dem ursprünglichen Bestimmungsort der Ware deckte, muß das Empfangsamt, wenn ihm der Zoll gezahlt wird, auch dann den Begleitschein II erledigen, wenn ihm bekannt ist, daß das Gut, mag es ihm vorzuführen sein oder nicht, zufolge veränderter Transportdisposition nach einem anderen Orte gegangen ist. Denn solche veränderte Transportdisposition hat der Warenführer — im Gegensatz zu dem Extrahenten eines Begleitscheins I — gar

[1] Havenstein, Zollgesetzgebung Anm. 2 zu § 51 und das dort angeführte preußische Ministerialreskript.

keine Möglichkeit zur Kenntnis der Zollbehörde zu bringen; die Kontrolle über den Verbleib des Gutes ist hier etwas nicht dem Institut natürlicherweise Innewohnendes, sondern etwas Zufälliges, besonders Vorzuschreibendes. Wird sie umgangen, so liegt niemals Defraude im Sinne von § 136 Ziffer 6 VZG. vor, während eine Ordnungswidrigkeit gegeben sein kann. Für die Erledigung des Begleitscheins II hat der Extrahent in der Regel Sicherheit zu leisten (§ 51 VZG.); durch ihre definitive Vereinnahmung nach Fristablauf, aber auch erst durch diese, erlischt die Zollschuld. Wird nachträglich noch beim Empfangsamt Erledigung des Begleitscheins II begehrt, so ist der hierbei angebotene Zoll zurückzuweisen, nicht etwa die Sicherheit zurückzugeben. Der im Begleitschein vermerkte Zollbetrag ist, vorbehaltlich natürlich etwaiger Irrtümer, unabänderlich; mag auch die Ware auf dem Transport zugrunde gehen oder während desselben durch Tarifänderung zollfrei werden, die Zollschuld war entstanden und fällig geworden, nur der Zahlungstermin ist hinausgeschoben.

III. In vielen Fällen wird eine Stundung nur gewährt, wenn dem Staate zugleich die Kontrolle über den Verbleib der Waren dadurch offen gehalten wird, daß diese auf ein Lager gebracht werden. Die hierher gehörigen Lager sind sämtlich Privatlager ohne amtlichen Mitverschluß. Während das Privatlagerregulativ nur drei Arten derselben unterscheidet, gehören auch die in § 110 VZG. gehörigen Konten hierher. Dazu kommen noch verschiedene Sonderregulative für Privatläger bestimmter Waren, die bei der Besprechung der einzelnen Privatlagerarten einzuordnen sind.

1. Am reinsten tritt der Stundungszweck in den Vordergrund bei den sogenannten „Privatkreditlagern", d. h. denjenigen, in denen die zum Absatz im Zollgebiete bestimmten Waren nur zur Sicherung des darauf ruhenden, aber kreditierten Eingangszolls niedergelegt sind (§ 1 Abs. 2c des Privatlagerregulativs vom 8. Juni 1887 und 21. Juni 1888, Zentralblatt für das Deutsche Reich 1888, S. 234). Denn hier haftet der Lagerinhaber unbedingt nach Maßgabe des bei der Verabfolgung zum Lager festgestellten Gewichts und ohne Rücksicht auf eine an den Waren während der Lagerung durch natürliche Einflüsse oder zufällige Ereignisse eingetretene Abminderung oder Zerstörung (§ 4 Abs. 1 des Privat-

lagerregulativs). Bei der Einlagerung wird die Höhe der Zollschuld bindend berechnet; der dafür maßgebende Tarif kann daher nur der zur Zeit der Einlagerung gültige sein (§ 9 VZG.). Da Stundung des Zollbetrags der einzige Zweck des Privatkreditlagers ist, so können alle Arten von Waren in ein solches aufgenommen werden. Auch ist die Umpackung und Teilung der Waren, ja auch deren Bearbeitung zum Zwecke der Sortierung, Reinigung, Erhaltung usw. und eine weitergehende Behandlung dann gestattet, wenn sie dadurch nicht eine Veränderung erleiden, welche eine andere Benennung oder Unterordnung unter einen anderen Tarifsatz zur Folge haben würde (§§ 21, 14 Abs. 1 des Privatlagerregulativs). Selbst das aber kann die oberste Landesfinanzbehörde zulassen, und sollte ohne solchen Dispens jene Beschränkung ignoriert werden, so könnte darin keine eigenmächtige Verfügung über einen unverzollt anvertrauten Gegenstand zur Verkürzung der Zollgefälle im Sinne von § 136 Ziffer 9 VZG. sondern nur eine nach § 152 VZG. zu ahndende Ordnungswidrigkeit erblickt werden. Denn durch alle die beschriebenen Handlungen kann der bereits fest berechnete Zollbetrag nicht mehr geändert werden. Das Privatlagerregulativ erkennt das in den §§ 21 und 14 Abs. 3 auch an. Entsteht durch die Umpackung usw. ein Mehrgewicht, so bleibt dieses nämlich nach jener Bestimmung unberücksichtigt; für ein entstehendes Mindergewicht dagegen haftet der Lagerinhaber dadurch, daß er bei der nächsten Abrechnung es mit verzollen muß. Ebensowenig wie die Behandlung des Lagergutes im Kreditlager wird sein Ausgang aus demselben in den Inlandsverkehr behördlich überwacht. Nur hat die Zollverwaltung die Füglichkeit, jederzeit durch Revisionen, zu denen der Lagerinhaber nötigenfalls durch Abgabe von Bestandsdeklarationen mitzuwirken hat, festzustellen, ob die zur Sicherung der Zollforderung nötigen Lagerbestände vorhanden sind. Die Stundungsfrist beträgt nach § 10 Privatlagerregulativs und § 108 Abs. 1 des Vereinszollgesetzes der Regel nach nicht über sechs Monate, in Ausnahmefällen nach Bewilligung der Direktivbehörde auch mehr; jedoch darf sie dann niemals über das Kalenderjahr der Einlagerung hinaus dauern. Die Einhaltung der Frist wird dadurch erzwungen, daß in jeder der — in der Regel also sechsmonatigen — Abrechnungsperioden ebensoviel Waren zur Verzollung gebracht werden müssen, als aus der vorhergegangenen Abrechnungsperiode als Bestand übernommen worden sind (Privatlagerregulativ § 23).

Eine besondere Art der Privatkreditläger bilden die im Weinlagerregulativ vom 8. Juni 1888 (Reichszentralblatt S. 253) geordneten Weinlager.[1] Danach kann den Händlern, welche ausschließlich mit fremden Weinen handeln, ein „eiserner Zollkredit" in der Art gewährt werden, daß „für eine dem Umfange des Lagers entsprechende Weinmenge nicht nur die Verzollung, sondern auch die Festsetzung des Zollbetrags ausgesetzt bleibt und erstere, wenn sie späterhin erfolgt, nach dem alsdann gültigen Zolltarife zu bewirken ist". Diese Art der Zollberechnung scheint allerdings der Natur der Stundung zu widersprechen, ist aber praktisch „angesichts des ganzen Verfahrens, bei welchem nicht festgestellt werden kann, ob das Vorhandene unter dem alten oder unter dem neuen Tarife eingebracht worden ist, der einzig mögliche Ausweg."[2] Dagegen erhellt die Stundungsnatur dieser Vergünstigung, der es wesentlich ist, daß auf dem Lager stets mindestens ein Weinbestand vorhanden ist, der der Höhe des Kredits gleichkommt, während die Weine, die ihn zusammensetzen, wechseln können, klar aus der Fassung des § 11 des Weinlagerregulativs. Denn danach wird in diejenige Weinmenge, die der Lagerinhaber als Gegenwert für den gewährten Kredit stets bei den Bestandsaufnahmen als vorhanden zusichert, bloß „der im freien Verkehr befindliche Wein des Kreditnehmers" eingerechnet. „Im freien Verkehr befindlicher Wein ist aber immer nur solcher, für den die Zollpflicht bereits entstanden und berichtigt oder gestundet ist".[2] Wie jede Stundung, ist auch der eiserne Kredit durch die Direktivbehörde jederzeit entziehbar; geschieht dies, so wird sofort der Zoll für den ganzen Lagerbestand fällig. Die gleiche Wirkung hat außer der jederzeit zulässigen Ablösung des Kredits durch den Kreditnehmer die Aufgabe oder Übertragung des Geschäfts seitens des Weinhändlers, sein Tod oder Eröffnung des Konkurses über sein Vermögen (§ 16 des Wein-

---

[1] Vgl. Behr, Archiv für öffentliches Recht Bd. XIV, S. 190f.

[2] O. Mayer, Deutsches Verwaltungsrecht Bd. I, S. 413, Note 17.

lagerregulativs). Da alle diese Tatsachen eine Zollschuld nicht begründen können, so muß diese schon dagewesen, aber gestundet gewesen sein. Gleiches folgt aus der Befugnis des Kreditnehmers, die auf das Lager verbrachten Weine davon wegzunehmen und im Inlande abzusetzen, ohne daß die Zollbehörde davon Kenntnis hat. Auch die Weine, die er an sich als Lagerbestand zu halten hat, darf er veräußern; ergibt sich, daß er das dauernd getan hat, so erfolgt einfach eine Herabsetzung des Kredits (§ 14 Abs. 3 des Regulativs). Dem entspricht es umgekehrt, daß der Kreditnehmer diejenigen Weinmengen, die über das Quantum hinausgehen, für die der Kredit gilt, sofort zu verzollen hat, auch wenn er sie auf sein Lager nimmt.

2. Sämtliche bisher besprochene Stundungsformen — der „Geldkredit" der Zollstundungsordnung, der Begleitschein II und das Privatkreditlager — zeichnen sich dadurch aus, daß sie schlechthin eine Stundung bedeuten, eine Rückgängigmachung der Zollschuld in Ansehung der in dieser Weise abgefertigten Waren aber auf keine Weise mehr möglich ist. Demgegenüber ist von den nunmehr zu besprechenden Lagerarten auch eine Weiterversendung der Waren mit Begleitschein I, eine Versendung auf öffentliche Niederlagen oder Rücksendung in das Ausland möglich, was zur Folge haben kann, daß vermöge einer der Zollschuld bei der Verbringung der Waren auf das Lager beigefügten auflösenden Bedingung eine Verzollung der Waren entweder ganz unterbleibt oder doch durch eine andere Person erfolgt als diejenige, der die Stundung gewährt worden ist (vgl. oben § 5 III 2, S. 55).

a) Unter „Transitlagern" versteht § 1 des Privatlagerregulativs vom 8. Juni 1887 und 21. Juni 1888 (Zentralblatt für das Deutsche Reich 1888, S. 234) diejenigen Privatlager, auf denen die Identität der einzelnen Kolli der Regel nach festgehalten wird und die zu lagernden Waren zum Absatz im Zollgebiet u n d z u g l e i c h o d e r a u s s c h l i e ß l i c h zum Absatz nach dem Ausland bestimmt sind. Da hier die Versendung der Ware auf Begleitschein I, ihre Verbringung auf eine andere Niederlage — gleichviel ob öffentliche Niederlage oder Privatlager irgendwelcher Art — oder ihre Abmeldung zur unmittelbaren Ausfuhr zulässig ist und eine Zollzahlung ausschließt (§§ 16 Abs. 1, 15 Privatlagerregulativs), so muß insoweit eine zollamtliche Kontrolle des Ausgangs der Waren aus dem Lager erfolgen, die sich im wesentlichen in den Formen der gewählten Abfertigungsart, daher des Begleitschein- oder Niederlageregulativs, abspielt. Auch entspricht dem Begriffsmerkmale des Transitlagers, daß die Identität der einzelnen Kolli regelmäßig festzuhalten ist, eine gegenüber dem Privatkreditlager wesentlich gesteigerte Warenkontrolle. Es muß nämlich nach § 14 des Privatlagerregulativs jede Umpackung, Teilung, Bearbeitung der Waren, die unbeschränkt zulässig ist, soweit nicht dadurch die Ware zu einer anders benannten oder anders tarifierten wird, sowohl vor Beginn als nach Beendigung der Arbeit der Zollbehörde angemeldet werden, wenn die Zahl, Art oder Bezeichnung oder das Gewicht der einzelnen Kolli eine Veränderung erfährt. Auf Grund dieser Anmeldung findet dann Berichtigung des Lagerkontos durch An- und Abschreibung statt. Daß aber die ganze Einrichtung des Privattransitlagers ohne amtlichen Mitverschluß wesentlich eine Form der Stundung der Zollschuld bedeutet, ergibt sich zunächst daraus, daß der Lagerinhaber ohne Mitwirkung der Zollbehörde die einzelnen Kolli in das Inland absetzen kann. Am Ende der nur ausnahmsweise auf mehr als fünf Jahre zu bemessenden Einlagerungsfrist bzw. am Ende der Abrechnungsperiode, in die ihr Ablauf oder die tatsächliche frühere Ausfuhr des angeschriebenen Kollos fällt, findet die Verzollung statt. Die Abrechnungsperioden sind dabei so gestaltet, daß am 1. Juli jedes Jahres bzw. am folgenden Werktage eine Abmeldung als Grundlage einer vorläufigen, am 2. Januar eine Abmeldung als Grundlage für die definitive, durch Bestandsrevision zu bestätigende Abrechnung einzureichen ist. Binnen einer Woche nach Berechnung der Zollgefälle und deren Bekanntgabe an den Lagerinhaber ist Zahlung zu leisten, ein weiterer Geldkredit ist unzulässig (§ 16 Privatlagerregulativs). Ein weiterer Beweis für das Vorliegen einer Zollstundung liegt darin, daß Gewichtsvermehrungen auf dem Lager nicht die Schuld des Pflichtigen erhöhen, eingetretene Verminderungen sie nicht geringer machen können. Doch ist der Zoll für diese Verminderung nicht sofort mit dem Eintritt, sondern erst bei der nächsten Abrechnung fällig (§§ 4, 14 Abs. 3, 15 des Regulativs). Um die Grundlagen für die Höhe der Zollschuld von vornherein zu gewinnen, muß nicht nur in allen Fällen das Bruttogewicht, sondern auch bei den nach dem Nettogewichte zu verzollenden Waren das Nettogewicht festgestellt werden (§ 8 Privatregulativs; Gegensatz: § 7 des Niederlageregulativs).

b) Von Teilungslagern redet man dann, wenn die Festhaltung der Identität der einzelnen Kolli nicht stattfindet, gleichviel ob die zu lagernden Waren ausschließlich zum Absatz im Zollgebiet oder zugleich oder ausschließlich zum Absatz nach dem Auslande bestimmt sind. Der einzige Unterschied der Teilungslager ohne amtlichen Mitverschluß von den Transitlagern besteht darin, daß die Behandlung der Waren auf den Teilungslagern ohne jede Anmeldung gestattet ist (§§ 22, 19 des Privatlagerregulativs). Überdies ist hier eine für Transitlager selbstverständliche Konsequenz aus der Stundungsnatur der Einrichtung ausdrücklich gezogen, indem §§ 22, 19 Abs. 1 des Regulativs bestimmen, daß Umhüllungen oder Einlagen, welche bei der Aufnahme der Waren in das Teilungslager zum Nettogewicht derselben gerechnet worden sind, trotz erfolgter Umpackung oder sonstiger Behandlung der Waren nach dem Tarifsatze der betreffenden Waren zollpflichtig bleiben.

c) Besonders hervorgehoben und durch eigene Regulative geregelt sind die Lager für Bau- und Nutzholz der Nrn. 74 bis 76 und 78 bis 85 des Zolltarifs (Holzlagerzollordnung vom 11. Januar 1906, Reichszentralblatt 1906, S. 103ff.) und für Getreide und Ölfrüchte (Getreidelagerzollordnung vom 11. Januar 1906, Reichszentralblatt 1906, S. 352ff.). Ihre Zulassung beruht auf § 11 Ziffer 1 und 2 des Zolltarifgesetzes. Gesetz und Regulative sprechen hier von Transitlägern und unterscheiden reine und gemischte Transitläger. Erstere liegen vor, wenn die gelagerten Früchte ausschließlich in das Ausland abgesetzt, die Hölzer im Inlande nur zum Schiffbau verwendet werden dürfen, wenn also der Zweck der Stundung ganz zurücktritt gegenüber dem, das Erlöschen der Zollschuld zufolge Eintritts einer vorgeschriebenen Bedingung zu ermöglichen. Daß auch hier eine gestundete Zollschuld vorhanden ist, ergibt sich aus der allgemeinen Verweisung auf das Privatlagerregulativ (§ 3 Holzlagerzollordnung, § 3 Getreidelagerzollordnung), sowie aus der Bestimmung, daß bei Bestandsaufnahmen sich ergebende Fehlmengen unter allen Umständen zu verzollen sind (§ 15 Abs. 3 Holzlagerzollordnung, § 15 Abs. 3 Getreidelagerzollordnung). Gemischte Transitlager sind dagegen diejenigen, aus denen auch der Absatz von Waren in das Zollgebiet gestattet ist. In Wahrheit verdienen nur die nach der Holzlagerzollordnung bewilligten Lager die Bezeichnung von Transitlagern,[1] da nur hier eine Festhaltung der Identität der Lagergüter erfolgt. Zwar ist auch hier die Behandlung der Hölzer auf dem Lager einschließlich der Umpackung ohne Anmeldung beim Zollamt zulässig (§ 11 Ziffer 2 ZTG. und § 8 Holzlagerzollordnung), aber es darf grundsätzlich weder die Zahl noch der Festmeterinhalt noch das Gewicht der einzelnen Stücke dabei verändert werden, es sei denn, daß durch besondere Erlaubnis des Hauptamts eine solche — auf Antrag auch außerhalb des Lagers vornehmbare — Veränderung nachgelassen ist, wobei dann die Identität buchmäßig durch ein Duplikat der Bearbeitungsanmeldung und Anschreibungen in einer Beilage zum Niederlageregister festgehalten wird. Auch der nach §§ 5 Abs. 3 und 19 der Holzlagerzollordnung erfolgende Zugang inländischen Holzes zum Lager kann die Identität nicht aufheben; verzollt oder zollfrei abgeschrieben wird schließlich das ein- und wieder ausgeführte oder das im Besitze seiner Inlandeigenschaft verbliebene Stück. Dagegen sind die nach der Getreidelagerzollordnung bewilligten Waren Teilungslager,[2] da hier die Festhaltung der Nämlichkeit der ein- und wieder ausgeführten Waren unterbleibt. Nicht nur die Behandlung und Umpackung der gelagerten Fruchtarten ist uneingeschränkt und ohne Anmeldung zulässig, sondern auch die Mischung gleicher auf dem Lager befindlicher Fruchtarten mit einigen wenigen Ausnahmen (§ 11 Ziffer 1 ZTG., §§ 7, 13, 19, 20 der Getreidelagerzollordnung). Dies hat zur Folge, daß bei den gemischten Transitlägern eine Verzollung der nach dem Inlande abgesetzten Waren, mögen sie inländischen oder ausländischen Ursprungs sein, nicht stattfindet, sofern nur das Niederlageregister

[1] Andrer Meinung Hausbrand, Zeitschr. Bd. III, S. 8.

[2] Hausbrand, Zeitschr. Bd. III, S. 8.

ausweist, daß nicht mehr abgesetzt ist, als danach an inländischer Ware auf das Lager verbracht gewesen ist. Insofern kann man sagen, daß die Aufnahme inländischen Getreides in das Lager die Zollschuld mindert.[1] Trotz der teilweisen Aufgabe der Identität handelt es sich aber um eine Einrichtung, die eine Stundung einer bestimmt entstandenen Zollschuld mit sich bringt, auch bei den gemischten Lagern. Hier ist in dieser Richtung besonders beweiskräftig die Art, in der die Berechnung der Zollgefälle für die in den freien Verkehr getretenen Waren geordnet ist. Nach § 20 des Holzlagerregulativs ist nämlich eine halbjährliche, nach § 23 der Getreidelagerzollordnung eine vierteljährliche Abrechnung vorgeschrieben. Die Grundlagen für diese Berechnung aber werden grundsätzlich alle bei der Anschreibung zum Lager festgestellt, der in diesem Zeitpunkte gültige Tarif ist der entscheidende, etwaige Fehlmengen sind mit zu verzollen. Umgekehrt müssen die Abfälle, die durch Bearbeitung des lagernden Holzes entstanden sind, falls die Bedingungen der Zollfreiheit erfüllt werden, dem Ausfuhrgewicht wieder zugerechnet werden; denn diese Abfälle wären zollfrei gewesen, wenn von Anfang an das bearbeitete Holz mit den Abfällen eingebracht worden wäre (§ 7 ZTG.), die erlaubte Herstellung von Abfällen mindert daher die Zollschuld ebenso wie die erfolgte Wiederausfuhr. Soweit aber der Abfall ein übermäßiger ist, dergestalt, daß eine wiederholte Bearbeitung stattfindet oder daß die Herstellung von Abfällen Selbstzweck wird und nicht mehr eine notwendige Folge der statthaften Bearbeitung bildet, „findet die Verzollung der bearbeiteten Hölzer und hergestellten Holzwaren eintretendenfalls nach Maßgabe der Menge des dazu verwendeten Rohholzes und des auf letzteren angeschriebenen Zollsatzes statt“ (§ 12 Abs. 5 Holzlagerzollordnung). Den gleichen Grundsatz, daß hinsichtlich der auf dem Lager befindlichen Güter die Zollschuld gestundet, aber bereits für den Fall der späteren Zahlbarkeit fest bestimmt ist, läßt die Behandlung ausländischer Umschließungen nach § 10 der Getreidelagerzollordnung erkennen. Denn hiernach dürfen diese nur nach vorheriger Verzollung in den freien Verkehr treten,

---

[1] Vgl. Behr im Archiv für öffentliches Recht Bd. XIV, S. 185 f; Trautvetter, Das neue deutsche Zolltarifrecht S. 204 a. a. O.

wenn Getreide in ihnen verpackt gewesen ist, während sie in leerem Zustande — abgesehen von dem in § 6 Ziffer 9 ZTG. vorgesehenen Falle, wo eine resolutiv bedingte Zollpflicht mit nebenhergehender Stundung geordnet ist — überhaupt nur gegen Verzollung, d. h. ohne daß für die Zollschuld Stundung gewährt wird, in das Lager aufgenommen werden dürfen.

3. Auch die nach § 111 VZG. zur Erleichterung des Vertriebs ausländischer Waren nach dem Auslande an Großhandlungen bewilligten fortlaufenden Konten werden nach § 8 des Kontenregulativs vom 8. Juni und 15. Dezember 1887 (Reichszentralblatt 1888, S. 585ff.) nur bewilligt, wenn die dem Konteninhaber verabfolgten fremden Waren in bestimmten, der Zollbehörde anzumeldenden Lagerräumen aufbewahrt werden. Nur falls es dem Konteninhaber an ausreichendem Raume gebricht, ist ihm nachgelassen, die verschlossenen Kolli einem Spediteur zur Lagerung zu übergeben. Es sind auch „gemischte Lager" zulässig, wenn der Konteninhaber gleichzeitig mit fremden kontierten und gleichnamigen inländischen Waren handelt (§§ 10, 11 des Kontenregulativs), doch sind letztere dann nicht nur nicht kontierungsfähig, daher auch niemals zu verzollen, sondern müssen auch wegen der Kontrolle äußerlich von den kontierten Waren getrennt gehalten werden. Eine Zollpflicht für die kontierten Waren ist entstanden; Zollschuldner ist der Kontoinhaber (vgl. besonders § 26 Abs. 2 Kontenregulativs). Er kann sich aber entlasten dadurch, daß kontierte Waren unter Zollkontrolle nach dem Auslande versandt, auf das Konto eines anderen Kontoinhabers übertragen, auf eine Niederlage unverzollter Waren verbracht oder zur Veredelung im Inlande abgemeldet werden. Von allen anderen kontierten Waren aber hat er den Zoll zu entrichten und zwar nicht laufend, sondern jährlich an einem von der Direktivbehörde zu bestimmenden Zeitpunkt; jedoch ist am Schlusse der ersten Hälfte eines jeden Jahres von jedem Kontoinhaber ein nach der im nächstvorhergegangen Jahre erwachsenen Zollschuld zu bemessende Abschlagszahlung à conto der am Jahresschluß zu bewirkenden Abrechnung zu leisten (§ 31 Kontenregulativs). Dadurch wird hier eine Stundung erreicht, und diese wird fortgewährt, wenn im Laufe der Abrechnungsperiode eine

Tarifänderung eintritt. Dann sind zwar die Konten mit dem Ablaufe der alten Tarifperiode abzuschließen und die Bestände des Lagers aufzunehmen, der dabei ermittelte Zollbetrag aber erst bei der nächsten Abrechnung mit einzuheben. Zugleich erhellt aber aus dieser Regelung, daß die Zollschuld beziffert wird nach dem zur Zeit des Absatzes, nicht der Einfuhr der Ware gültigen Tarife; es findet sich also der gleiche Widerspruch gegenüber dem Wesen der Stundung, wie er oben (S. 70) bei dem eisernen Zollkredit des Weinlagerregulativs zu beobachten war. Aber auch hier ist diese Art der Berechnung „praktisch der einzig mögliche Ausweg“, da, wie insbesondere aus § 20 des Kontenregulativs hervorgeht, nicht kontrolliert werden kann, unter welchem, ob dem alten oder dem neuen Tarife die später im Inland abgesetzten Waren in das Kontenlager gebracht sind.

Eine besondere Regelung haben die „Zollrechnungen“ der Ölmühleninhaber in der Ölmühlenzollordnung vom 17. Februar 1906 (Reichszentralblatt 1906, S. 372ff.) erfahren, und zwar deshalb, weil hier nicht die aus dem Auslande eingeführten zollpflichtigen Ölfrüchte selbst, sondern die aus ihnen hergestellten Öle nach dem Auslande wieder ausgeführt werden sollen. Die Anwendung der Grundsätze über die Konten wird dadurch ermöglicht, daß ein Ausbeuteverhältnis festgestellt wird, nach dem aus der Menge des ausgeführten Öles die Menge der dazu verwandten, demnach vom Konto abzuschreibenden Ölfrüchte berechnet wird. Wiederum wird aber die auf Grund vierteljährlicher Abrechnungen zu begleichende Zollschuld nach den bei der Anschreibung ermittelten Daten bestimmt (§ 16 der Ölmühlenzollordnung); auch wird die Veräußerung der Ölfrüchte im Inland nicht als Hinterziehung des Zolles betrachtet, wie die im § 11 Ziffer 4 ZTG. angedrohte besondere Strafe ergibt. Die Zollschuld ist vielmehr entstanden, aber gestundet und durch die nachmalige Ausfuhr des gewonnenen Öles, seine Aufnahme in eine öffentliche Niederlage oder in ein Privatlager unter amtlichem Mitverschluß auflösend bedingt.

IV. Wie in den oben besprochenen Fällen, so geht in allen Fällen einer bedingten Zollschuld eine Stundung nebenher.[1] Denn

[1] O. Mayer, Deutsches Verwaltungsrecht Bd. I, S. 413.

das Wesen der bedingten Zollschuld besteht gerade darin, daß eine Zollschuld nicht nur existent, sondern auch in der Person eines bestimmten Schuldners fällig geworden ist, später aber unter gewissen Bedingungen wieder rückgängig gemacht wird und bis zur endgültigen Entscheidung darüber die Zahlung ausgesetzt bleibt. Daraus erhellt, daß von einer bedingten Zollschuld nur auf Grund einer besonderen Bewilligung der Zollbehörde gesprochen werden kann. Diese Bewilligung ist ein behördlicher Ausspruch, der von Fall zu Fall bestimmt, ob die Voraussetzungen gegeben seien, unter denen ein Rechtsanspruch[1] auf Anerkennung des späteren Erloschenseins der Zollschuld gegeben werden kann, ein Verwaltungsakt. Darin liegt zugleich die Berechtigung, dieses Rechtsgebilde als bedingte Zollschuld zu bezeichnen. Denn wie die Bedingung des Privatrechts eine Nebenbestimmung ist, die die Wirksamkeit eines bestimmten Rechtsgeschäfts von einem zukünftigen ungewissen Ereignis abhängig macht, so wird auch hier durch den Ausspruch der Zollbehörde, der auf entsprechendes Ansuchen eines Zollschuldners ergeht, die endgültige Wirksamkeit einer entstandenen Zollschuld von einer im freien Belieben der Beteiligten stehenden Tatsache abhängig gemacht. Allein da die Zollschuld nicht auf Vertrag, auch nicht auf öffentlichrechtlichem Vertrage, sondern auf dem Gesetze beruht, so bedarf die Beifügung einer Bedingung zu einer entstandenen Zollschuld stets einer gesetzlichen Grundlage, eines Vorbehalts im Gesetze.

Wie im Privatrecht auflösende und aufschiebende Bedingungen unterschieden werden, so hat man auch auf dem Gebiete des Zollrechts zwei Arten von Bedingungen erkennen wollen.[2] Die Berechtigung dazu hat man aus der Art hergeleitet, in der bei der Bewilligung der bedingten Zollschuld die Buchung erfolgt.

---

[1] Wenn die Identität der Waren, hinsichtlich deren Erlöschen der Zollschuld durch Bedingungserfüllung behauptet wird, nachgewiesen wird, so ist die Zollschuld erloschen. Damit die Bedingung erfüllt sei, wird freilich Vorführung der Ware zwecks Rekognoszierung regelmäßig erforderlich sein; vgl. Entsch. des Reichsger. in Strafsachen, die Bd. III der Zeitschrift für Zollwesen S. 94 abgedruckt ist.

[2] O. Mayer, Deutsches Verwaltungsrecht Bd. I, S. 415f.; Hoffmann, Die öffentlichrechtliche Verjährung, Hirths Annalen Bd. XXXI a. a. O.

In Wahrheit ist es aber nur ein äußerlicher Unterschied, ob die Zollschuld als Belastung oder als Vormerkung auf dem Konto des Begünstigten erscheint. Denn die Zollschuld entsteht mit der Grenzüberschreitung für alle Waren, auf die Zoll gelegt ist; es kann sich also nur darum handeln, gelegentlich der Abfertigung, bei der an sich eine Tilgung der Schuld durch Zahlung zu erfolgen hätte, durch einen Verwaltungsakt auf Unterwerfung, einen öffentlichrechtlichen Vertrag, festzustellen, daß die Entstehung der Zollschuld als nicht geschehen gelten soll, wenn gewisse Voraussetzungen von demjenigen erfüllt werden, der die Zollschuld an sich kraft des von ihm geäußerten Willens zu tilgen hätte. Die der Zollschuld beigefügte Bedingung ähnelt daher stets der Resoultivbedingung des Privatrechts; es handelt sich immer darum, ob eine schon entstandene Zollschuld später gelten soll oder nicht.

Die Bedingungen, an die nach geltendem deutschen Rechte die Rückgängigmachung der Zollschuld geknüpft werden kann, sind nur zwei: die Verwendung der Ware zu einem bestimmten privilegierten Zwecke oder ihre Wiederausfuhr. Die Verwendung zu einem bestimmten Zwecke begründet die eventuelle Zollfreiheit der Schiffbaumaterialien nach § 6 Ziffer 12 des Zolltarifgesetzes und nach der auf Grund dieser Stelle erlassenen Schiffbauzollordnung vom 17. Januar 1906,[1] des zur Teïn bestimmten Tees (Anm. zu Nr. 65 des Zolltarifs), der zur Gewinnung ätherischer Öle bestimmten Gewürze und der zwecks Gewinnung von Muskatbutter eingeführten Muskatnüsse und ihrer Samenmäntel (Anm. zu Nr. 66 und 67 Zolltarifs), der sonst zur Herstellung ätherischer Öle zu verwendenden Sämereien (Anm. zu Tarifnummer 22), der zur Kognakbereitung bestimmten Weintreber (Anm. zu Nr. 196 des Tarifs), der mineralischen Öle, die für andere gewerbliche Zwecke als für die Herstellung von Schmieröl, Leuchtöl oder Leuchtgas oder für die Bearbeitung in inländischen Betriebsanstalten bestimmt sind (Anm. 1 und 2 Satz 1 zu Nr. 239 des Zolltarifs), der aus solchen Mineralölen gewonnenen und nicht zu Schmier- oder Beleuchtungszwecken verwendeten leichten Öle (ebenda Anm. 2

[1] Zentralblatt für das Deutsche Reich 1906, S. 265ff.

Satz 2), der zu Düngezwecken bestimmten Stoffe der Anmerkung zu Nr. 362 des Tarifs und der zweimal gezwirnten ungefärbten Seide, die zur Weberei, Wirkerei, Strickerei usw. gebraucht werden soll (Anmerkung zu Tarifnummer 391/92). In einigen Fällen kann die Zollschuld wegen des Verwendungszwecks in der Weise bedingt sein, daß sie durch die Verwendung nicht erlischt, sondern sich nur mindert. Dies ist beispielsweise der Fall, wenn die Verwendung zweimal gezwirnter gefärbter Seide überwacht wird (Anmerkung zu Tarifnummer 391 und 392) oder polierter Reis zur Herstellung von Stärke verwandt wird (Anm. zu Nr. 163 des Tarifs). Häufig ist solche bedingungsweise Zollherabsetzung unter Überwachung der Verwendung nur bei der Abstammung der Waren aus Ländern möglich, mit denen ein Zoll- und Handelsvertrag besteht, vgl. z. B. die Anmerkungen zu Nr. 188 (Weinhefe zu Kognakbereitung) und Nr. 48 des Zolltarifs (frische Kirschen zur Branntweinbereitung).

Durch die Wiederausfuhr ist die Zollschuld auflösend bedingt in den Fällen des § 112 Abs. 2 VZG., wonach fremde Handel- und Gewerbetreibende, die vereinsländische Messen und Märkte besuchen, die unverkauft gebliebenen und ins Ausland zurückgeführten Waren nicht zu verzollen brauchen, der Retourwaren des § 114 VZG. und des aktiven Veredelungsverkehres des § 115 Abs. 1 VZG. Letzterer hat von diesen Begünstigungen die weitaus größte Bedeutung[1] und daher — abgesehen von den bereits besprochenen, ebenfalls hierher zu zählenden fortlaufenden Konten für Großhandlungen — die eingehendste Regelung durch den Bundesrat erfahren, und zwar durch die im Zentralblatt für das Deutsche Reich von 1906 auf S. 536 bis 541 abgedruckte Veredelungsordnung vom 7. April 1906 und zahlreiche Beschlüsse, in denen das Vorliegen der Voraussetzungen für den Veredelungsverkehr bezüglich einzelner Warengattungen bejaht ist. Das Gesetz definiert den sogenannten „aktiven Veredelungsverkehr," der in der Überschrift zu § 2 der Veredelungsordnung als „Veredelung im Inlande" im Gegensatz zur „Veredelung im Auslande" bezeichnet wird, dahin, daß „Gegenstände, welche zur Verarbeitung, zur

[1] Vgl. O. Mayer, Deutsches Verwaltungsrecht Bd. I, Note 19 zu S. 429.

Vervollkommnung oder zur Reparatur mit der Bestimmung zur Wiederausfuhr eingehen, vom Eingangszolle befreit werden." Dafür ist Voraussetzung, daß die eingehende Ware ausdrücklich zur Veredelung angemeldet und von der Behörde zum Veredelungsverkehre zugelassen wird. Sie wird alsdann speziell revidiert, der Zoll wird sofort berechnet und „vorgemerkt",[1] d. h. auf einem Konto angeschrieben, das auf den Namen des Veredelers lautet. Wird die Ausfuhr der Fabrikate nicht oder nicht rechtzeitig — mit der Bedingung wird stets eine Befristung derart verbunden, daß die Erfüllung der Bedingung innerhalb bestimmter Zeit nachgewiesen werden muß — bewirkt, so ist dieser vorgemerkte Zoll zu zahlen. Festgestellt wird dies jedoch erst nach Ablauf der Wiederausfuhrfrist; wird daher das zum Veredelungsverkehre zugelassene Gut früher im Inland abgesetzt und damit früher der Nichteintritt der auflösenden Bedingung entschieden, so zeigt sich deutlich, daß die Zollschuld gleichzeitig gestundet ist. Weil eine Zollschuld des Veredelers schon besteht, so ist er zu solcher freier Verfügung über die eingeführte Ware berechtigt, ohne daß er einer Mitwirkung der Zollbehörde bedarf.[2] Daran wird er grundsätzlich nicht gehindert dadurch, daß die Zollbehörde den Verbleib der Ware überwacht, z. B. sie amtlich bezeichnet oder den ganzen Bearbeitungsvorgang beaufsichtigt. Denn diese Maßregeln dienen lediglich der Festhaltung der Identität der eingeführten und der wieder auszuführenden veredelten Ware; soll daher auf die Wieder-

---

[1] In dieser Art der Buchung findet O. Mayer, Deutsches Verwaltungsrecht Bd. I, S. 417 Note 21 einen Hauptbeweis dafür, daß die Zollschuld hinsichtlich der zur Veredelung zugelassenen Waren aufschiebend bedingt sei, während die auflösend bedingte Zollschuld in den Büchern sofort als Schuldposten erscheine. Demgegenüber erkennen im aktiven Veredelungsverkehre auflösend bedingte Zollschulden an: Behr im Archiv für öffentliches Recht Bd. XIV, S. 184; Lusenski, Der zollfreie Veredelungsverkehr, der daselbst S. 85 ausführt: „Die fristgemäße Ausfuhr der Ware ist die auflösende Bedingung, deren Eintritt die Zollpflicht beseitigt." Zu dieser Konstruktion scheint mir auch die nach Hoffmann, Deutsches Zollrecht Bd. I, S. 197 früher übliche Form des Veredelungsverkehrs besser zu passen, wonach der Zoll bei bestimmter Verwendung nur ermäßigt wurde.

[2] O. Mayer, Deutsches Verwaltungsrecht Bd. I, S. 417, Anweisung zur Ausführung des VZG. Nr. 27 (Reichszentralblatt 1888, S. 493), Veredelungsordnung § 14.

ausfuhr definitiv verzichtet werden, werden sie gegenstandslos. Man wird daher auch die Entfernung der amtlichen Abstempelungszeichen von dem zu veredelnden Gute für zulässig halten müssen,[1] denn darin liegt nur eine Vereitelung des Eintritts der Resolutivbedingung, die dem Zollschuldner freisteht. Gehen die Waren in veredeltem Zustande in das Ausland zurück, so erlischt die Zollschuld; es besteht ein Rechtsanspruch darauf, daß die Zollbehörde dies anerkennt, nachdem sie einmal die Identität der auszuführenden Ware mit der früher eingeführten pflichtgemäß hat anerkennen müssen. Wenn dagegen die Ware durch Zufall untergeht, so steht es im freien Belieben des Hauptzollamts, ob es Zollerlaß gewähren will (§ 18 der Veredelungsordnung). An sich ist nunmehr entschieden, daß die Zollschuld unbedingt gilt; es ist aber ein Verzicht auf eine entstandene und zahlbare Zollforderung, ein echter Erlaß zulässig. Besonders ausgestaltet ist dieser dann, wenn die Direktivbehörde genehmigt, daß Waren, die sich als zur Veredelung ungeeignet erweisen oder unbrauchbar geworden sind, zertrümmert, zerschnitten oder in sonst geeigneter Weise zerkleinert und in diesem Zustande nachträglich zum Eingang in den freien Verkehr abgefertigt, also regelmäßig niedriger verzollt werden als zum vorgemerkten Betrage.

Demnach lassen sich folgende Kennzeichen für das Vorliegen einer bedingten Zollschuld zusammenfassend anführen:

1. Die amtliche Warenkontrolle dient immer nur dem Zweck, die Identität festzuhalten, damit der Nachweis des Eintritts der Resolutivbedingung und damit des Erlöschens der Zollschuld geführt werden könne. Deshalb beschränkt sie sich häufig auf eine Kontrolle der Buchführung und ist niemals ihre Durchbrechung an sich, sondern nur ihre Durchbrechung zum Zwecke der Hinterziehung von Abgaben strafbar.

2. Der Zollbetrag wird von vornherein berechnet nach dem Tarife, der zur Zeit der Abfertigung unter Zufügung der Bedingung in Geltung steht. Er bleibt maßgebend ohne Rücksicht darauf, in welchem Zeitpunkt etwa mangels Eintritts der Bedingung die Verzollung erfolgt.

[1] So Lusenski, Der zollfreie Veredelungsverkehr, S. 39.

3. Es ist stets eine bestimmte Person vorhanden, deren Verpflichtung auf Zahlung dieses berechneten Zollbetrags geht und demgemäß auch im Wege der Zwangsvollstreckung gegen sie erzwingbar ist, sobald der Nichteintritt der Bedingung feststeht. Diese Person ist zugleich die einzige, die die Schuld zu tilgen verpflichtet ist; selbst wenn man an den Waren, hinsichtlich deren die Zollschuld bedingt ist, eine Defraude oder Ordnungswidrigkeit begangen wird, kann der Defraudant dem Staate gegenüber nicht mehr Zollschuldner werden. Soweit eine besondere Warenkontrolle angeordnet, eine behördliche Überwachungsgewalt begründet ist, wird kraft derselben nur demjenigen befohlen, der die Vergünstigung, die Bedingtheit der Zollschuld, erwirkt hat; ein Dritter kann sich dagegen nicht vergehen.

4. Eine kurze Befristung, binnen deren der Eintritt der Resolutivbedingung nachgewiesen werden muß und nach deren Ablauf ihr Eintritt ausgeschlossen ist, ist mit allen Resolutivbedingungen verbunden.

5. Der Absatz der Waren im Inlande ist regelmäßig unbeschränkt gestattet und bringt dann die Zollschuld zu unbeschränkter Geltung. Außerdem kann diese Wirkung in allen Fällen, wo die Hinzufügung einer Bedingung zur Zollschuld nur mit der Maßgabe erfolgt, daß die Ware auf ein Lager verbracht wird, dadurch herbeigeführt werden, daß die Behörde das Lagerrecht dem Zollschuldner entzieht. Dies kann aus Gründen geschehen, die rein in seiner Person liegen, und hat zur Folge, daß die Bedingung entweder sofort erfüllt oder der Zoll sofort gezahlt werden muß.

V. Einen scharfen rechtlichen Gegensatz zu den bedingten Zollpflichten bilden die sogenannten schwebenden Zollpflichten. Auch bei diesen handelt es sich um entstandene Zollschulden, aber deren Fälligkeit und damit die Person, gegen die der Staat seinen Zollanspruch nötigenfalls zwangsweise durchsetzen kann, ist noch unbestimmt. Soweit vollstreckbare Ansprüche des Staates vorhanden sind, sind sie nur für den Fall begründet, daß die Ware nicht zu einer bestimmten Zeit und an einem bestimmten Ort zur weiteren Abfertigung gestellt wird, oder aber als Ansprüche darauf, daß die überwachende und aufbewahrende Tätigkeit des

Staates in gewisser Weise unterstützt werde. Während sie im ersteren Falle stets darauf hinauslaufen, daß eine bestimmte Person mit einem Betrage haftet, der der entstandenen Zollschuld gleichkommt, so daß die Versuchung naheliegt, diese Haftpflicht[1] mit der Zollschuld zu identifizieren,[2] hat die zweite Art von Ansprüchen auch inhaltlich und äußerlich mit der Zollforderung keinerlei Ähnlichkeit. Die schwebende Zollpflicht bedeutet eine Perpetuierung der rechtlichen Lage, wie sich diese durch die Einführung der Ware über die Grenze gebildet hat. Deshalb gelten alle die oben § 5 II 2 e S. 53f. entwickelten Folgerungen ganz allgemein für alle schwebenden Zollpflichten. Insbesondere bedarf es daher der zollamtlichen Überwachung des Übergangs der Ware in den freien Inlandsverkehr; da erst hierdurch der Zoll fällig, erst hierbei der Zollbetrag nach dem zu dieser Zeit gültigen Tarife berechnet wird.[3] Deshalb macht der zufällige Untergang der Ware unter derartiger Kontrolle die Erhebung eines Zolls rechtlich unmöglich, führt von selbst ein Erlöschen des staatlichen Zollanspruchs herbei.[4] Darum ist auch ein Wechsel des Zollschuldners unter Mitwirkung der Zollbehörde noch möglich. Andererseits aber wird bedeutungsvoll, daß das Gewaltverhältnis, das der schwebenden Zollpflicht entspricht, weit über den Rahmen eines konkreten, zwischen dem Staate und einem Zollpflichtigen bestehenden Schuldverhältnisses hinausgeht. Der Überwachungsgewalt, wie sie an der Grenze begründet ist und in deren Machtkreis jeder durch die einfache Tatsache der Grenzüberschreitung eintritt, bleiben auch das auf Begleitschein I reisende oder in eine öffentliche Niederlage oder ein Privatlager unter amtlichem Mitverschluße aufgenommene Zollgut und alle, die zu ihm in Beziehung treten, unterworfen; wer an solchem Gute eine Hinterziehung begeht, begründet den staatlichen Zollanspruch gegen sich (vgl. oben § 5 III 2 S. 55f.).

---

[1] Vgl. O. Mayer, Deutsches Verwaltungsrecht, Bd. I, S. 408, besonders Anm. 5.

[2] Z. B. Kunckel, Zeitschrift, Bd. II, S. 37, für den Begleitscheinextrahenten; ebenso § 47 des Begleitscheinregulativs.

[3] § 9 VZG.

[4] §§ 47, 48, 67, 103 VZG.

Die Einrichtungen, mit deren Hilfe eine solche schwebende Zollpflicht aufrecht erhalten oder begründet wird, sind entweder Transportpapiere oder Verschlußlager, worunter man die öffentlichen Niederlagen und die Privatlager unter amtlichem Mitverschluß begreift.

1. „Die Begleitscheine Nr. I und die denselben gleichgestellten amtlichen Bezettelungen (das sind nach den Motiven die als Begleitscheine benutzten Eingangsdeklarationen und Niederlageabmeldungen) sowie die Ladungsverzeichnisse haben den Zweck, den richtigen Eingang der über die Grenze eingeführten Waren am inländischen Bestimmungsorte oder die Wiederausfuhr solcher Waren zu sichern.“ Zollkontrolle ist also nach dieser in § 33 VZG. gegebenen Zweckbestimmung der wesentliche Zweck des Begleitscheins I; diese soll aber nur so lange währen, als die Ware am Bestimmungsorte wieder in die Hände der Zollbehörde gelangt ist oder das Ausland wieder verlassen hat. Weder enthält aber die Kontrolle das Recht des Staates, eine Zollzahlung für sich in Anspruch zu nehmen, noch sagt sie etwas über die Art und Weise aus, auf die am Bestimmungsorte mit dem Begleitscheingute zu verfahren ist. Es ist daher jeder Antrag auf Abfertigung beim Empfangsamte zulässig, der beim Grenzeingangsamte zulässig gewesen wäre; insbesondere kann auch jetzt noch das Gut einfach in den Händen der Zollbehörde zurückgelassen, also jeder Antrag verweigert werden, ohne daß dies einer Erledigung des Begleitscheins I entgegenstehen dürfte. Mit der Vorführung endigt daher auch die Haftpflicht des Begleitscheinnehmers, die dieser durch Unterzeichnung des Begleitscheins übernimmt.[1] Sie enthält die Verpflichtung, die im Begleitschein bezeichneten Waren in unveränderter Gestalt und Menge in dem bestimmten Zeitraum und an dem angegebenen Orte zur Revision und weiteren Abfertigung zu stellen und daneben die Verbindlichkeit, bis dahin für den Betrag des Eingangszolles zu haften. Daß er die Abfertigung herbeiführen müsse,

[1] So Hoffmann in Hirths Annalen Bd. 31, S. 210 und Zeitschrift Bd. I, S. 70 Note 12; anders § 47 Begleitscheinregulativ; Behr, Archiv für öffentliches Recht Bd. XIV, S. 191; Kunckel, Zeitschrift Bd. II, S. 37.

ist nirgends gesagt (§ 44 VZG.), wohl aber ergibt sich das Gegenteil solchen Zwanges daraus, daß bei der Ankunft der unter Ladungsverzeichnis auf der Eisenbahn ins Inland geführten Güter nicht vorgeschrieben ist, daß der in § 66 Abs. 2 VZG. gedachte Abfertigungsantrag von der Eisenbahnverwaltung gestellt wird oder zu ihrer Entlastung erforderlich ist.[1] Nicht entgegensteht die Behandlung der Postsendungen. Da bei ihnen die gesamte zollamtliche Behandlung nach dem Wunsche der Postverwaltung an ein Zollamt im Innern verlegt werden kann, nämlich an dasjenige, in dessen Bezirk der Empfänger der Sendung wohnt (§§ 5 Abs. 2, 7 Abs. 1, 8 der Postzollordnung vom 28. Januar 1909; Zentralblatt für das Deutsche Reich 1909, S. 41f.), so muß bis dahin die Lage des mit der Post beförderten Zollguts genau die gleiche sein, wie die des Begleitschein I oder Ladungsverzeichnis eingehenden. Nur fällt hier die Ausstellung eines zollamtlichen Begleitpapiers und die ausdrückliche Unterzeichnung einer Haftungserklärung deshalb weg, weil der Warenführer vom Grenzeingange bis zur Abfertigung immer derselbe bleibt und schließlich auch die Abfertigung bewirken muß. Dieses „Muß“ ist aber nicht Ausfluß ihrer Stellung als Zollschuldner, sondern Ausfluß ihrer Stellung als Reichsbehörde; im Interesse der guten Ordnung sowohl der Postanstalten wie der Zollämter ist durch die beiden vorgesetzte Stelle, den gemäß Art. 7 Ziffer 2 der Reichsverfassung zuständigen Bundesrat, bestimmt, daß sich diese Behörden in der angegebenen Weise in die Hände arbeiten sollen, wie denn überhaupt die Postzollordnung nicht nur in §§ 8 Abs. 2 und 11 Abs. 6, sondern auch sonst zahlreiche Dienstanweisungen enthält, die sich lediglich an die Postanstalten richten und zollrechtlich belanglos sind. Zollrechtlich ist lediglich die Post als der die

---

[1] Durch den Inhalt des mit dem Absender abgeschlossenen Frachtvertrags erwirbt die Eisenbahn aber nach §§ 76, 78 der Eisenbahnverkehrsordnung vom 17. Dezember 1908 (RGBl. 1909, S. 131, 133) das Recht, die zollamtliche Abfertigung herbeizuführen bzw. „unter ihrer Haftung“ durch einen Spediteur herbeiführen zu lassen. Daß sie Zollschuldnerin, ihre Schuld aber zunächst schwebend ist, ergibt auch § 65 Abs. 2, 5 der Eisenbahnverkehrsordnung. Vgl. auch Eisenbahnzollregulativ vom 18. Juli 1888 (Zentralblatt für das Deutsche Reich S. 593ff.).

Sendung einbringende Warenführer Zollschuldnerin,[1] aber ihre Zollschuld ist schwebend bis zur Ankunft am Abfertigungsamte; zollrechtlich besteht auch für die Post kein unmittelbarer Zwang zur Verzollung, so wenig wie für andere Zollschuldner, deren Verbindlichkeit noch nicht fällig ist. Daß die Postverwaltung nicht anders steht als ein anderer Warenführer des Zollrechts, beweist auch der § 17 der Postzollordnung, wonach unverzollte Waren von Zollagern und Konten oder andere Waren, bei denen es auf den Beweis der erfolgten Ausfuhr ankommt, mit der Post verschickt werden können. In diesem Falle haftet der Absender als Begleitscheinnehmer für den auf den Waren ruhenden Zoll, er wird freilich regelmäßig darüber hinaus Zollschuldner sein.

2. Schwebend ist auch die Zollpflicht, sobald die Waren in einem Verschlußlager[2] niedergelegt sind. Daß hinsichtlich der in der öffentlichen Niederlage befindlichen Waren eine Zollschuld besteht, ist bereits oben (§ 5 I, 4, S. 46f.) vertreten worden. Für die Privatlager unter amtlichem Mitverschluß statuiert § 4 des Privatlagerregulativs die Haftung des Lagerinhabers für den auf den Waren ruhenden Zoll. Da aber das Lager nur von dem Inhaber benutzt werden kann, so ist er zugleich der Niederleger im Sinne des Zollrechts und als solcher Zollschuldner. Damit jedoch die Schuld eingetrieben werden könne, bedarf es — abgesehen von der Abmeldung — immer erst der Aufhebung des

[1] Der Regreß, den sie gegen den Absender hat, liegt völlig außerhalb des Zollrechts, das scheint Greiner, Zeitschrift Bd. VII, S. 92 zu verkennen, seine Ansicht, der Absender sei Zollschuldner, ist mit der Postzollordnung, besonders mit § 11 Abs. 6 nicht zu vereinen.

[2] Daß sich für das Zollverwaltungsrecht öffentliche Niederlagen und Privatlager unter amtlichem Mitverschluß gleichstehen, lehrt O. Mayer, Deutsches Verwaltungsrecht, Bd. I, S. 407 Note 3; er zählt freilich auch die Transitlager ohne amtlichen Mitverschluß zu dieser Gruppe. Die Bezeichnung „Verschlußlager" für öffentliche Niederlagen und Privatlager unter amtlichem Mitverschluß schafft § 6 der Zollstundungsordnung (Reichszentralblatt 1906, S. 129); ebenda wird der Begriff der „offenen Lager", der im Texte für alle Lager ohne amtlichen Mitverschluß gebraucht ist, auf die Getreidelager, Ölmühlenlager und Teilungslager der Kaiserlichen Marineverpflegungsämter beschränkt.

Niederlagerechts (§§ 11 verb. 12, 17 des Privatlagerregulativs). Darin zeigt sich, daß es sich hier nicht, wie bei den offenen Lagern, nur um eine bloße Stundung der Zollschuld handelt. Im übrigen finden auf die Privatlager unter amtlichem Mitverschluß die Vorschriften des Niederlageregulativs Anwendung, daher auch die in dieses nochmals ausdrücklich aufgenommenen Vorschriften des § 104 VZG. Diesen ist aber kein Argument gegen die Zollschuld des Niederlegers zu entnehmen; denn wenn hier ein Verkaufsrecht der Zollverwaltung normiert ist, das in § 40 des Niederlagerregulativs zu einem Vernichtungsrecht erweitert wird, falls das Meistgebot in der öffentlichen Versteigerung den Betrag des Eingangszolles nicht erreicht, so soll dadurch doch nur der Niederleger oder Disponent oder Eigentümer bestimmt werden, den Zollanspruch gegen sich fällig zu machen, wie der im § 27 VZG. vorgesehene amtliche Gewahrsam die Deklaration erzwingen soll. Versäumt der Eigentümer usw. dies, so kann die amtliche Maßnahme trotz seiner bestehenden Zollschuld, die den Grund bildet, weshalb der staatliche Eingriff in die private Rechtsmacht gerechtfertigt ist, die Zahlbarkeit und Exequierbarkeit eben dieser Zollschuld nicht herbeiführen; denn nicht er hat seinen Willen kund getan, die Sache in den freien Inlandsverkehr zu übernehmen, nicht er hat die Ware der Niederlage entnommen (§ 13 VZG.). Wird daher der Zuschlag gemäß § 40 des Niederlageregulativs erteilt, obwohl ein Ausfall an Zollgefällen zufolge zu niedrigen Meistgebots entsteht, so ist der Niederleger niemals zur Nachzahlung des Ausfalls heranzuziehen.[1] Andererseits bedeutet aber jede Entnahme von Waren aus der Niederlage das Fälligwerden der Zollschuld dafür. Deshalb wird häufig da, wo eine Zollschuld dadurch auflösend bedingt ist, daß eine Ware ins Ausland zurückgebracht wird, die Verbringung auf ein Verschlußlager der Ausfuhr gleichgestellt.[2] Daher hat

[1] Zollschuldnerin wird die Niederlageverwaltung (siehe unten S. 91). — Daß die Zollschuld in den Verschlußlägern schwebend ist, ergibt besonders die fortdauernde Unbestimmtheit und Veränderlichkeit der Zollbelastung; vgl. § 103 VZG. §§ 30—35 Niederlageregulativs.

[2] Vgl. z. B. § 13 Abs. 2 der Holzlagerzollordnung, § 9 Abs. 1 der Getreidelagerzollordnung, § 9 Abs. 1 der Veredelungsordnung, § 9 der Ein-

auch die bloße Tatsache, daß ein Gegenstand in eine öffentliche Niederlage gelangt, die rechtliche Folge, daß für ihn bei der Entnahme Zoll zu zahlen ist (§ 3 des Niederlageregulativs).

Unabhängig von der Zollschuld stehen die zahlreichen Verpflichtungen, die im Niederlageregulativ dem Niederleger als solchem auferlegt sind. Niederleger im Sinne dieses Regulativs ist derjenige, „welchen die Zollbehörde als zur Disposition über die niedergelegten Waren befugt anerkennt" (§ 1 Niederlageregulativs). Er muß etwa beschädigte Verpackungen herstellen (§ 4) der Revision der Waren bei deren Annahme zur Niederlage beiwohnen (§ 7 Abs. 2), die Waren nach der Revision auf eigene Kosten nach den Lagerräumen und in denselben nach dem ihm angewiesenen Platz schaffen (§ 11), er muß die an ihn ergehenden Weisungen der Niederlageverwaltung zur Verhütung oder Beseitigung von Beschädigungen der lagernden Waren befolgen (§ 16), muß auch seinerseits von Zeit zu Zeit nach diesen sehen (§ 17) und bei der Vornahme von Bestandsrevisionen Bestandsdeklarationen abgeben und das etwa nötige Hilfspersonal stellen (§ 28 des Niederlageregulativs). Dafür hat auch die Niederlageverwaltung dem Niederleger gegenüber bestimmte Pflichten. So muß sie für die Sicherung der niedergelegten Güter sorgen, insbesondere für die wirtschaftliche Erhaltung der Niederlageräume und deren sicheren Verschluß, sowie für die Abwendung von Feuersgefahr (§ 102 VZG., § 16 des Niederlageregulativs). Sie muß die Entnahme von Proben der niedergelegten Waren nach schriftlicher Anmeldung gestatten (§ 19), ja sogar, wenn Proben nicht genügen, die Auspackung und vorübergehende Auslegung der Waren zur Besichtigung (§ 20 des Niederlageregulativs). Diese Leistungen ist die Zollbehörde befugt, demjenigen zu erbringen, der ihr den Niederlageschein vorlegt, wie ihr denn § 12 Abs. 2 des Niederlageregulativs allgemein das Recht gibt, „denjenigen, welcher ihr den Niederlageschein vorlegt, als zur Disposition über die in demselben bezeichneten Waren legitimiert anzusehen" und sie von der „näheren Prüfung" entbindet, „ob derselbe recht-

---

fuhrscheinordnung (Zentralblatt für das Deutsche Reich 1906, S. 106, 353, 537 und 318).

mäßiger Besitzer des Niederlagescheins sei." Um dieser Begriffsbestimmung willen hat man die Niederlagescheine zu den „hinkenden Inhaberpapieren" des § 808 BGB. gerechnet.[1] Allein diese Bestimmungen gelten nur für Urkunden über privatrechtliche Verhältnisse und Leistungen; die Rechte und Pflichten aber, die der Niederlageschein verbrieft, sind öffentlichrechtlicher Natur; die Zollbehörde tritt dem einzelnen Zollschuldner gegenüber. Es gilt daher, wie das schon oben S. 60 für die Einfuhrscheine ausgeführt ist, Privatrecht analog nur da, wo das öffentliche Recht schweigt und seinem Wesen nach diese analoge Anwendung verträgt: daher vor allem bezüglich der Übertragung der Niederlagescheine. Nur darf man nicht etwa den Eintritt in die schwebende Zollschuld des Niederlegers als mit der Übergabe des Niederlagescheins erfolgt ansehen. Dazu bedarf es vielmehr nach § 13 Nied. Reg. stets der Mitwirkung der Zollbehörde durch Umschreibung auf das Konto eines anderen Niederlegers. Nimmt die Zollbehörde Zahlung von einem Präsentanten des Niederlagescheins an, der nicht der Niederleger ist, so wird gleichwohl dessen Schuld getilgt. Die Behörde ist aber nie verpflichtet, diese Zahlung anzunehmen, während sie dem Abfertigungsantrage des Niederlegers entsprechen muß.[2] Auch der Niederlageschein, wie die ganzen Rechte und Pflichten der Niederlageverwaltung gegenüber dem Niederleger, sind nicht allein zollrechtliche Einrichtungen, sondern nur aus Anlaß einer schwebenden Zollschuld getroffen. Das Rechtsverhältnis zwischen Niederleger und Niederlageverwaltung[3] läßt sich nur unter dem Gesichtspunkte beurteilen, daß jede öffentliche Niederlage „ein Bestand von Mitteln ist, welche in der Hand eines Subjekts der öffentlichen Verwaltung einem bestimmten Zwecke dauernd zu dienen bestimmt sind," eine öffentliche Anstalt.[4] Wer in ihren Bereich eintritt, der sonach ein durch die Anstaltsgewalt und durch die zollrechtliche Überwachungsgewalt zugleich befriedeter ist, der bekommt damit

[1] Vgl. z. B. STAUDINGERS Kommentar zum BGB. 4. Aufl., Bd. II, S. 1363 Anm. 2 zu § 808.

[2] Folgt aus § 33 Niederlageregulativs.

[3] Vgl. O. MAYER, Deutsches Verwaltungsrecht, Bd. I, S. 410.

[4] Ebenda Bd. II, S. 318.

bestimmte Rechte, aber ihm können auch von der Staatsgewalt Verpflichtungen auferlegt werden, die sich als Eingriffe beider Gewalten in seine Rechte darstellen. In dieser Weise ist die Gebarung mit den auf der Niederlage befindlichen Gütern während der Dauer der Lagerung rein anstaltsrechtlich geordnet, tritt bei ihrer Entfernung im regelmäßigen Verfahren (§ 13 VZG.) der zollrechtliche Gesichtspunkt in den Vordergrund und wird die zwangsweise Entfernung aus der Niederlage nach § 104 VZG. beidem gerecht. Die Entfernung muß erfolgen, gleichviel, ob der Erlös der Versteigerung den Zollbetrag deckt oder nicht; denn sonst wird der Anstaltszweck vereitelt, der dahin geht, daß die Einrichtung nicht für einen Zollschuldner allein bestimmt ist, nicht auf unbegrenzte Zeit offen gehalten wird. Wenn aber der Erlös nach Abzug der Lagerkosten den Zoll erreicht oder übersteigt, dann wird zunächst die Zollforderung des Staates befriedigt, die er hier gegenüber dem Niederleger aus anstaltsrechtlichen Gesichtspunkten hat fällig machen dürfen. Darin zeigt sich zugleich, daß eine Zollschuld auch während der Lagerung fortbestanden hat, wenn sie auch schwebend war. Zollschuldner war der Niederleger, durch den Verkauf tritt die Niederlageverwaltung an seine Stelle. Sie ist verpflichtet, an die Zollkasse den Zollbetrag abzuführen; sie ist auch als die Anstalt, zu deren Benutzung der Niederleger zugelassen war, gehalten, den Überschuß des Erlöses herauszuzahlen (§ 104 VZG.). Alles aber, was aus der Niederlegung an Ansprüchen und Gegenansprüchen entspringen kann, ist öffentlichrechtlicher Natur.[1]

---

[1] Hoffmann, Die Haftung des Zollgutes, Zeitschrift Bd. I, S. 75. Möglich ist allerdings, daß zugleich rein zivilistische Ansprüche bestehen. Sie können einerseits gehen gegen den Beamten, der etwa pflichtwidrig mit dem Gute umgegangen ist (§ 839 BGB.). Sie können andererseits gehen gegen den Eigentümer der Niederlage, der vom Staate verschieden ist, falls mit ihm ein privatrechtlicher Vertrag geschlossen ist. Auch dann aber wird die in VZG. und Niederlageregulativ geordnete öffentlichrechtliche Haftung des Staates bestehen, sofern sie nicht durch besonderen Vertrag mit einer Einzelperson, die darauf als auf ein subjektives öffentliches Recht verzichten kann, ausgeschlossen wird.

Dritter Abschnitt.

Die Warenhaftung.

§ 7.

Entstehung, Inhalt und Endigung des staatlichen Rechts am Zollgute.

I. Das Recht des Staates am Zollgute ist dann dinglicher Art, wenn es ihm ein Recht zum Selbsthandeln mit der Sache gibt. Ein Interesse zu solcher selbständigen Einwirkung auf die Sache hat der Staat im gegenwärtigen Zollrechte in erster Linie deshalb, weil der Zoll nach den verschiedenen Warengattungen verschieden abgestuft ist. Damit behördlich festgestellt werden könne, in welcher Höhe für den Einbringer einer Ware eine Zollschuld entstanden sei, muß der Staat in die Lage versetzt werden, die Beschaffenheit des eingebrachten Gutes zu prüfen. Sodann aber bestimmt § 14 des Vereinszollgesetzes: „Die zollpflichtigen Gegenstände haften ohne Rücksicht auf die Rechte eines Dritten an denselben für den darauf ruhenden Zoll"; es wird also dem Staate auch ein Recht „an" den Waren dann noch zugesprochen, wenn die Feststellung der Zollschuld bereits erfolgt ist, ein Recht, daß die Entrichtung des Zollbetrags sicher stellen soll.[1] In beiden Funktionen muß das staatliche dingliche Recht sofort entstehen, sobald die Zollschuld existent wird, daher in dem Momente, in dem eine zollpflichtige Ware in das deutsche Zollgebiet eingeführt wird. Dabei ist es gleichgültig, ob die Einfuhr zwecks Durchfuhr erfolgt oder mit der Absicht des Einführenden, daß eine bedingte Zollschuld begründet werden soll oder ob die Zollschuld sofort fällig gemacht und gezahlt werden soll. Allerdings kann die Revision der Ware beschränkt sein, wenn nur zur Durchfuhr deklariert wird (§ 41 Abs. 2 VZG.), aber auch das nur fakultativ; die Behörde kann stets speziell revidieren, wenn sie dies aus irgendwelchen Gründen für geboten erachtet. Jede Einfuhr bringt das volle staatliche Recht an dem Zollgute

---

[1] Hoffmann, Die Haftung des Zollguts, Zeitschrift Bd. I, S. 69.

zwecks Sicherung der Feststellung und Erhebung der Zollgefälle zur Entstehung, mag auch die Feststellung zunächst unterbleiben, weil nur eine schwebende Zollschuld vorliegt und erhalten werden soll, mag es auch zu einer Erhebung von Zöllen nie kommen, weil durch Untergang der Ware während schwebender Zollschuld oder zufolge Eintritts einer Resolutivbedingung die Zollschuld erlischt. Aber auch nur die Einfuhr begründet das staatliche Recht am Zollgute, wie nur sie die Zollschuld entstehen läßt. Auch die Fälle des § 157 und des § 82 VZG. fingieren als Zollschuldner einen Einbringer, wie bereits oben S. 39f. besprochen wurde.

Umgekehrt erlischt das dingliche Recht des Staates an dem Zollgute, sobald die Zollschuld erlischt. Soweit das Recht auf Revision des Zollgutes zum Zwecke der Berechnung der Zollschuld geht, endigt es freilich schon, sobald diese Berechnung irrtumsfrei erfolgt ist, aber auch nur dann. Glaubt die Behörde daher, es sei bei der ersten Revision ein Irrtum untergelaufen, so kann sie die Ware wiederholt revidieren. Denn die Berechnung des Zollbetrags ist niemals ein Verwaltungsakt, der der Rechtskraft analog einem zivilrechtlichen Urteile fähig und damit für die Behörde unwiderruflich bindend wäre, noch ein Vertrag. Soweit aber die Waren für die Entrichtung des Zolles haften, kann nur die Zahlung, mag sie nun in barem Gelde oder durch Einfuhrscheine geschehen, die Verjährung oder der Erlaß, soweit er zulässig ist, das staatliche dingliche Recht zum Erlöschen bringen. Naturgemäß muß ferner das staatliche Recht an der zollpflichtigen Sache mit deren Untergang endigen. Dagegen hat die Stundung der Zollschuld diese Wirkung in keinem Falle. Das bedarf keiner weiteren Ausführung, sobald die Stundung nur unter der Voraussetzung gewährt wird, daß die Zollgüter auf ein der Behörde und ihrem Zugriffe jederzeit zugänglich zu haltendes Lager verbracht oder in ihrer Verwendung überwacht werden. Aber auch, wenn mittels Begleitschein II die Erhebung des berechneten Zollbetrags einem Amte im Innern überwiesen wird, kann die Vorführung der Sendung beim Empfangsamte angeordnet werden, und dann muß das Empfangsamt alle sonst geordneten Mittel haben, um sich von der Identität der Waren zu überzeugen. Für die in Gemäßheit der Zollstundungsordnung gewährte Vergünstigungen[1] ergibt sich der gleiche Schluß aus der Erwägung, daß ein gestundeter Zoll noch kein entrichteter ist und daß ja die Stundung jederzeit rücknehmbar ist. Die Praxis bringt diese Fortdauer der Warenhaftung im Falle der Zollstundung auch zum Ausdruck. So läßt das der sächsischen Stundungsordnung für Zölle und Reichssteuern vom 26. Oktober 1902 als Anlage beigegebene Schuldanerkenntnisformular (Verordnungsblatt der Kgl. Sächs. Zoll- und Steuerdirektion auf das Jahr 1902, S. 296) den Stundungsnehmer erklären: „Nachdem mir ... Stundung ... bewilligt worden ist, verpflichte ich mich — unbeschadet der dem Staatsfiskus im Königreiche Sachsen auf Grund gesetzlicher Bestimmungen zustehenden Vorzugsrechte wegen rückständiger Zölle und Steuern — den Betrag von ... zu zahlen."

II. Das staatliche dingliche Recht am Zollgute enthält die Befugnis, das Zollgut in Besitz zu nehmen und in Besitz zu behalten, solange das Recht währt, sewie auf das Gut einzuwirken, soweit dies zur Feststellung der Zollschuld nötig ist. Dagegen ist daraus nicht, wie das gewöhnlich geschieht, herzuleiten die Befugnis, das Zollgut zu verkaufen.

1. Damit der Staat in den Besitz des Zollgutes gelange, legt das Gesetz (§§ 21, 36ff., 59ff., 74ff. usw.) dem Einbringer einer Ware die Verpflichtung auf, diese beim Grenzzollamt zu gestellen. Stattdessen kann sich aber der Staat den Besitz des Zollgutes durch eigene Tätigkeit, nämlich durch Beschlagnahme, verschaffen, die nach § 14 VZG., solange die Entrichtung des Zolles nicht erfolgt ist, allerorten und zu jeder Zeit möglich ist und schon dadurch vollzogen wird, daß ein Zollbeamter in dieser amtlichen Eigenschaft dem Inhaber des zollpflichtigen Gegenstandes formlos verbietet, über diesen weiter zu verfügen. Weil der Staat ein selbständiges Recht auf den Gewahrsam der Sache

[1] Ebenso Behr, Zollpflicht und freier Verkehr, Archiv für öffentliches Recht Bd. XIV, S. 189; Hoffmann, Zeitschrift I S. 73f., scheint in den Fällen des sog. Geldkredits anzunehmen, daß dabei die Ware stets mit dem Willen ausgehändigt werde, daß über sie wie über eine zollinländische verfügt werden darf. Der Staat wird aber auf sein Recht am Zollgute genau so wenig verzichten dürfen, als er auf seine Zollforderung verzichten kann.

hat, so muß es für den Inhalt dieses Gewahrsams vollständig unerheblich sein, auf welche der angegebenen Arten, ob durch Gestellung oder durch Beschlagnahme derselbe hergestellt wird. Darum wird mit Recht im § 14 VZG. das Zurückbehalten einer zollpflichtigen Sache als völlig gleichbedeutend neben die Beschlagnahme gestellt; zurückbehalten wird die Sache dann, wenn der Staat bereits ausschließlichen oder teilweisen körperlichen Gewahrsam hat; mit Beschlag belegt dann, wenn es erst noch des Ausschlusses fremder Innehabung bedarf. Die Gleichheit des durch freiwillige Übergabe einer Sache und des durch Beschlagnahme begründeten staatlichen Gewahrsams gilt jedoch nur in verwaltungs- und zivilrechtlicher, nicht auch in strafrechtlicher Hinsicht. Denn nur eine ausdrückliche staatliche Willenserklärung, daß der Gewahrsam des Staates für Dritte intakt sein solle, begründet eine „Verstrickung" im Sinne von § 137 StrGB., während ohne solche Erklärung höchstens eine amtliche Aufbewahrung nach § 133 StrGB. in Frage sein kann. Der staatliche Aufbewahrungsbesitz des § 133, der den Gegensatz zu dem Besitze zwecks Verbrauchs bildet, dient dazu, „die Detention anderer Rechtssubjekte an diesen Gegenständen für die Dauer des Aufbewahrungsbesitzes auszuschließen, dann aber dazu, den Behörden und den Beamten die Möglichkeit jederzeitiger Einwirkung auf die Sache zu gewähren."[1] Sowohl der eine wie der andere dieser Zwecke trifft zu bei denjenigen Gütern, die sich in einer öffentlichen Niederlage oder in einem Zollschuppen befinden. An ihnen hat die Zollbehörde allein den Gewahrsam, bis der Verzoller die Sache mit ihrer Einwilligung daraus entnimmt, also auch noch während des ganzen Verzollungsvorgangs. Bezüglich der in die Revisionsräume verbrachten zollbaren Gegenstände gilt das gleiche, sobald sie zwecks Revision einem Zollbeamten übergeben worden sind. Dagegen verwandelt sich dieser „Aufbewahrungsbesitz" sofort in „Verstrickung", wenn während seiner Dauer die Zurückhaltung der Sache durch einen Beamten verfügt wird. Dies ist begrifflich möglich, da die Verstrickung grundsätzlich

---

[1] Strafgesetzbuch für das Deutsche Reich § 133; Binding, Lehrbuch des deutschen Strafrechts, Besonderer Teil, 2. Aufl., Bd. II, S. 600.

aller Art körperliche Sachen ergreift[1] und die zweite Voraussetzung, ein tatsächliches Machtverhältnis des Staates zu der zu verstrickenden Sache, bereits durch die Aufbewahrung erfüllt ist. Auch die der Verstrickung begrifflich wesentliche Konsequenz[2] ist in § 14 VZG. für die beschlagnahmten oder zurückgehaltenen Zollgüter gezogen: sie unterliegen in bestimmter Richtung der ausschließlichen Verfügungsgewalt des Staates," nämlich, damit die definitive Maßregel, die Revision, sicher gestellt werde. Sobald daher die Zurückbehaltung oder die Beschlagnahme ausgesprochen ist, ist jeder Bruch des amtlichen Gewahrsams nach § 137 StrGB. strafbar.

Ist sonach der strafrechtliche Schutz, der dem staatlichen Gewahrsam zuteil wird, bald auf § 133, bald auf § 137 StrGB. begründet, so steht unabhängig davon der Behörde in allen Fällen das Recht zu, durch Abwehr von Störungen sich in dem für sie begründeten Gewahrsam zu erhalten.[3] Dieser Gewahrsam kann auch ein bloßer Mitgewahrsam sein und ist dies bei allen Privatlagern unter amtlichem Mitverschluß. Auch kann die Zollbehörde, wie schon mehrfach berührt wurde, auf jeden Gewahrsam verzichten; sie tut dies beispielsweise hinsichtlich der in den Privatlägern ohne amtlichen Mitverschluß lagernden oder auf Begleitschein I oder II abgefertigten oder der sonst nur durch Buchung in ihrer Nämlichkeit festgehaltenen Zollgüter. Umgekehrt kann die Zollbehörde auch Gewahrsam haben wollen an eingeführten Gütern, die nicht zollpflichtig sind; § 21 VZG. schreibt die Gestellung auch solcher zollfreier Waren vor, die dergestalt verpackt sind, daß ihre Beschaffenheit nicht sogleich erkannt werden kann. Der staatliche Gewahrsam beruht daher für zollpflichtige Gegenstände auf dem dinglichen Rechte des Staates am Zollgute, aber er ist ebensowenig identisch mit ihm, wie im Privatrechte Besitz und Eigentum gleichbedeutend sind, und er ist sowohl für Entstehung wie für Fortbestehen des dinglichen Rechts bedeutungslos. Geht der Gewahrsam verloren

---

[1] Ebenda S. 609.

[2] Ebenda S. 612.

[3] Vgl. O. Mayer, Deutsches Verwaltungsrecht, Bd. I, § 32.

wider oder auch mit dem Willen der Behörde, so kann er jederzeit — und zwar nötigenfalls durch Beschlagnahme, also wider den Willen des jeweiligen Inhabers des Zollguts — wieder hergestellt werden, solange das dingliche Recht des Staates am Zollgute noch besteht.[1] Dies gilt auch gegenüber dem Zollschuldner, dem zufolge Stundung der Zollschuld seine Sache einstweilen ausgehändigt worden ist. Wenn man daher dem Rechte des Staates auch Pfandrechtscharakter zugesprochen hat, so ist doch der Grundsatz des bürgerlichen Rechts, wonach ein Faustpfandrecht mit der Rückgabe der Pfandsache an den Verpfänder oder Eigentümer erlischt (§ 1253 BGB.), ebensowenig anwendbar, wie aus der Tatsache, daß die Behörde keinen Gewahrsam mehr hat, sondern nur noch der Eigentümer oder Zollschuldner, eine Vermutung für das Erloschensein des staatlichen Rechts zu entnehmen ist. Erlischt das dingliche Recht, so endigt damit der Gewahrsam nicht ipso iure, sondern dauert fort, bis die Behörde die Sache freigegeben hat.

Der Gewahrsam der Zollbehörde am Zollgute bedeutet stets eine ausschließliche oder mit einem Privaten gemeinsame tatsächliche Inhabung desselben, ist daher stets zugleich Besitz bzw. Mitbesitz im Sinne des Privatrechts. Da dieser Gewahrsam bestimmt ist, nur während eines Provisoriums zu dauern, so ist der Staat immer unmittelbarer Besitzer des Zollguts nach § 868 BGB., während die übrigen Besitzberechtigten mittelbare Besitzer werden oder bleiben und in eine entferntere Ordnung gedrängt werden. Die damit dem Staate zufallenden possessorischen und petitorischen Besitzansprüche sind freilich für ihn wertlos, da er mit der Polizeigewalt, die seinem hoheitlichen Gewahrsamsrechte zur Seite steht, stets schneller zum Ziele kommt. Grundlage der Ersitzung kann dieser Besitz des Staates am Zollgute deshalb nie werden, weil er niemals Eigenbesitz ist und dies niemals werden darf.[2] Als Besitzer unterliegt der Staat allen Ansprüchen, die das Privatrecht gegen den Besitzer als solchen gibt; er ist

---

[1] Vgl. Hoffmann, Zeitschrift Bd. I, S. 70, 72.

[2] Überdies wird man den Staat nie als gutgläubig im Sinne von § 937 Abs. 2 BGB. ansehen können. Vgl. auch Hoffmann, Zeitschrift Bd. I, S. 70 sub. 3

passiv legitimiert gegenüber der rei vindicatio[1] und dem im § 809 BGB. geordneten Vorlegungsanspruch. Doch wird man eine Pflicht der Zollbehörde zu solcher Vorlegung auch kraft öffentlichen Rechts anerkennen müssen, da die Vorschrift in §§ 19, 20 des Niederlageregulativs entsprechende Anwendung leidet auf alle in behördlichem Gewahrsam befindliche Zollgüter, namentlich auch auf die in Eisenbahnzollschuppen lagernden. Verletzung dieser letzteren Vorlegungspflicht aber eröffnet nicht den Rechtsweg schlechthin, sondern nur dann, wenn er für öffentlichrechtliche Streitigkeiten dieser Art in dem betreffenden Landesrechte zugelassen ist.

Der Gewahrsam an Zollgütern wird um seiner tief in die Verfügungsmacht des Einzelnen einschneidenden Wirkung willen nicht bloß zu dem Zwecke der Sicherung der Feststellung und der Erhebung der Zollschuld vom Staate beansprucht, sondern auch um seiner Nebenwirkung willen, eine Pression auf den Zollschuldner dahin auszuüben, die Zollschuld fällig zu machen. Wo dieser Zweck als besonders mitgewollt deutlich erkennbar wird, handelt es sich stets um eine Verstrickung der zollpflichtigen Sache, die also insbesondere dann vorliegt, wenn nach § 27 VZG. der amtliche Gewahrsam oder die amtliche Bewachung der Zollgüter angeordnet wird; das Gesetz sagt darum hier, daß die Behörde das Gut in ihren Gewahrsam usw. „nehme". Im übrigen macht jener Nebenzweck für den Inhalt der staatlichen tatsächlichen Gewalt über die Sache nichts aus und kann auch ihre Dauer nicht beeinflussen, da auch dieser Zweck spätestens mit der Tilgung der Zollschuld erfüllt ist, während er stets erst nach deren Begründung und der Begründung des dinglichen Zollrechts existent werden kann.

2. Die Feststellung der Zollschuld geschieht auf der Grundlage des Revisionsbefundes. Die Revision ist eine zollbehördliche Tätigkeit, die diejenigen Faktoren ermitteln soll, die sich für die Berechnung einer bestimmten Zollschuld aus der Beschaffenheit

[1] Die aber wegen § 44 VZG. nie Erfolg haben kann, solange sein Recht dauert.

einer eingeführten Auslandsware ergeben.[1] Nicht zur Revision in diesem Sinne gehört daher die Ermittelung des Ursprungslandes einer Ware, das für die Anwendung des gewöhnlichen oder des Vertragstarifs, die Erhebung des normalen oder des etwa geordneten Kampfzolles von Bedeutung ist. Ebensowenig gehört es zur Revision in diesem Sinne, wenn die Bedingungen nachgewiesen werden, unter denen z. B. nach Ziffer 1, 2, 11 und 13 des § 6 ZTG. der zollfreie Einlaß gewisser Gegenstände erfolgt, denn der Gegenstand selbst gibt über seine Bestimmung für eine öffentliche Anstalt oder seine Herkunft aus einem zu einem inländischen Gute gehörigen, im Auslande gelegenen Felde keinen Aufschluß. Wohl aber ist es Revision, wenn die Zollbehörde verlangt, daß die Umschließungen der angeführten Waren gelöst werden, damit sie erkenne, wie der Inhalt beschaffen sei, wenn sie chemische Untersuchungen vornehmen läßt, um zu ergründen, welcher Tarifnummer eine bestimmte Ware unterfällt, wenn sie bei Tonwaren einen Scherben abbricht, um dessen Beschaffenheit erkennen zu können, wenn sie in die vorgeführten Gegenstände einschneidet, um ihre Identität mit den deklarierten Waren oder sonstige zolltarifrechtlich wichtige Eigenschaften zu ermitteln usw. Die Grenzen dieser Revisionsberechtigung ergibt aber klar ihr Zweck: der Gebrauchs- und Handelswert der Ware darf nicht unter der Behandlung leiden;[2] denn nur eine Abgabe vom Warenverkehre soll die Revision ermitteln helfen. Müßte dieser Wert vernichtet werden, damit sich die Behörde über die Anwendung eines höheren oder niederen Tarifsatzes volle Klarheit erwerben könnte, dann muß sie auf diese Gewißheit durch Revision verzichten und den Zoll nach dem höchsten in Frage kommenden Tarifsatze erheben. Natürlich bleibt aber dem Zollschuldner stets der Nachweis offen, daß er zuviel gezahlt habe, und auf Grund desselben kann er das Zuvielgezahlte zurückfordern. Die Revision ist aber nicht immer mit einer so weitgehenden Einwirkung auf den zu verzollenden Gegenstand verbunden; oft wird das Nachzählen oder Nachwiegen der vorgeführten Güter ausreichen.

---

[1] Vgl. Hausbrand, Zeitschrift Bd. V, S. 8 ff.

[2] Hoffmann, Die Haftung des Zollgutes. Zeitschrift Bd. I, S. 70.

Eine ganz eigenartige Form nimmt der staatliche Eingriff in die Privatrechtssphäre zwecks Feststellung der Zollschuld dann an, wenn Gegenstände in Frage sind, die mit einem Wertzolle belegt sind. Freilich hat diese Einrichtung im geltenden Recht nur noch geringe Bedeutung, da der Zolltarif die Wertzölle ganz aufgegeben hat und sie nur noch als Kampfzölle auf Grund von § 10 ZTG. vorkommen können. Bei Einführung dieser Gegenstände hat nämlich der Warenführer den Wert zu deklarieren. Unterläßt er das oder erscheint der Wert der Zollbehörde zu niedrig angegeben, so ist sie berechtigt, „die Waren zu behalten gegen Zahlung des deklarierten Wertes mit einem Zuschlage von fünf vom Hundert an denjenigen, welcher dieselben eingeführt hat" (§ 93 VZG.). Das Gesetz nennt diese Befugnis der Zollbehörde ein „Vorkaufsrecht", und eine gewisse äußerliche Ähnlichkeit des Vorgangs mit einem zwangsweisen Verkaufe der Waren durch den Einbringer mag vorliegen. Aber als Kauf ist er deshalb undenkbar, weil der Vertragsabschluß, die Preisbestimmung und die Erfüllung gegen den Willen eines der Kontrahenten geschehen und weil überdies die Befugnis des Einbringers zur Verfügung über die Ware ganz belanglos ist, so daß die Zollbehörde auch dann Eigentum an den Gütern erwirbt, wenn sie weiß, daß diese nicht dem gehören, dem sie sie „abkauft". Es handelt sich also, falls das Recht ausgeübt wird, um einen im öffentlichen Rechte wurzelnden Vorgang, kraft dessen der Staat originär Eigentum erwirbt, und wogegen er den deklarierten Wert nebst einem Zuschlage von fünf vom Hundert als Entschädigung gewährt. Von Enteignung[1] zu sprechen, ist deshalb nicht angängig, weil diese ein im deutschen öffentlichen Rechte fest ausgeprägtes Rechtsinstitut ist, das sich lediglich auf Immobilien erstreckt und ausschließlich zugunsten eines öffentlichen Unternehmens besteht.[2] Auch unter die „öffentlichen Lasten" kann unser Fall nicht ohne weiteres gerechnet werden, obwohl an sich deren Inhalt darin bestehen kann, daß „der öffentlichen Verwaltung Macht gegeben werden soll über körperliche Sachen

---

[1] So Hoffmann, Die Haftung des Zollguts. Zeitschrift Bd. I, S. 70f.

[2] O. Mayer, Deutsches Verwaltungsrecht Bd. II a. a. O., S. 3.

des Untertanen" und obwohl der Ausgangspunkt auch für unser „Vorkaufsrecht" eine persönliche Pflicht des Einbringers[1] zur Gestellung der Ware und zur Wertdeklaration ist. Denn dieses Recht ist nicht begründet zugunsten eines öffentlichen Unternehmens, sondern ausschließlich dazu, eine rechte Wertdeklaration als Unterlage für die Zollberechnung zu erzwingen, in deren Ermangelung aber dazu, die Ware selbst der Zollbehörde zu überantworten, damit sie diesen Wert feststellen könne. Es ist sonach ein eigentümliches Mittel finanzrechtlichen Zwanges und ein rein finanzrechtliches Institut, das aber mit der Enteignung und der öffentlichen Last zur Übereignung einer Sache an den Staat die Besonderheit teilt, daß mit der Herstellung des Zustandes, zu dem das Gesetz die Verwaltungsbehörde ermächtigt, ein Eigentum auf sie übergeht, das in seinen Wirkungen rein zivilrechtlich ist.[2] Veräußert der Staat daher die Sache weiter, so ist es sein Eigentum, das er aus der Hand gibt. Zu beachten ist aber, daß der Staat zu dieser Weiterveräußerung indirekt dadurch verpflichtet ist, da die Zollschuld, schwebend wie sie war, auf ihn mit übergegangen ist und Befriedigung fordert, sobald die Sache so verwertet wird, wie sie nur nach vorheriger Begründung einer fälligen Zollschuld verwertet werden könnte. Mit dieser Verwertung mag sie nun in der Selbstbenutzung oder in der Weiterveräußerung bestehen, begründet der Staat die Fälligkeit der Zollschuld gegen sich selbst;[3] der Zollbetrag wird an die Zollkasse in jedem Fall abgeführt.

3. Die Befugnis zum Verkaufe eines Zollgutes wird gemeinhin unter den Gesichtspunkt gestellt, daß der Staat in gewissen Fällen sich für seine Zollforderung aus dem zollpflichtigen Gegen-

---

[1] O. Mayer, Deutsches Verwaltungsrecht Bd. II, S. 264.

[2] Vgl. O. Mayer, Deutsches Verwaltungsrecht a. a. O.

[3] Daß der Staat in diesen Fällen Gläubiger und Schuldner zugleich ist, ohne daß das Schuldverhältnis erlischt, ist dadurch möglich, daß es sich einerseits um ein öffentlichrechtliches Verhältnis handelt, andererseits zufolge der Gliederung der Behörden, einer entsprechenden getrennten Kassenführung und Buchung auch äußerlich eine Zahlung des einen Staatsorgans an das andere dargestellt werden kann. Meist wird nur eine „Verrechnung" stattfinden (Ziffer 36 der Anweisung zur Ausführung des VZG. vom 5. Juli 1888).

stande befriedigen dürfe, und darin soll sich dann die „reine Dinglichkeit der viel umstrittenen Zollpflichtigkeit am reinsten zeigen.“[1] Wenn man dagegen die Fälle betrachtet, in denen das Vereinszollgesetz das Recht der Zollbehörde zum Verkauf zollpflichtiger Gegenstände anerkennt, so ergibt sich, daß zollrechtliche Gesichtspunkte dann stets nur mit berücksichtigt werden, aber niemals den Verkauf allein veranlassen.

a) Nach § 104 VZG. darf die Verwaltung einer öffentlichen Niederlage die daselbst lagernden Güter öffentlich meistbietend verkaufen, sofern sie, wenn die Verfügungsberechtigten unbekannt sind, ein, sonst fünf Jahre gelagert haben. Ist die Frist verstrichen, so muß die Niederlage frei gemacht werden für anderer Zollschuldner Güter; die Niederlage ist insoweit öffentliche Anstalt, die nicht einem unbegrenzt dienen kann. Darum ergreift die Niederlageverwaltung das Zollgut nach Fristablauf für sich und verfügt darüber in den gesetzmäßigen Formen. Sie[2] wird der Zollkasse gegenüber Schuldnerin des Zolles, denn sie veranstaltet die Versteigerung, die die Ware in den freien Verkehr bringt. Oder sie vernichtet die Ware, falls das Meistgebot nach Abzug der Kosten für Bekanntmachung, Verkauf, Lagergeld und Erhaltung der Waren hinter dem Betrage des — gegebenenfalls um den Lagerausgleich vermehrten — Eingangszolles zurückbleibt. Dieses Vernichtungsrecht ist aus finanziellen Erwägungen heraus völlig unverständlich, denn von einem wenn auch noch so geringen Bruchteile des Zollbetrags hätte doch die Staatskasse wenigstens einen geringen Vorteil, die Vernichtung aber entzieht ihr, wenn der Niederleger unbekannt ist, jede Möglichkeit, ihre Auslagen ersetzt zu bekommen. Ebensowenig liegt es im Finanzinteresse, wenn der Bundesratsbeschluß[3] vom 7. Mai 1903 gestattet, Niederlagegüter, deren Eigentümer unbekannt ist, zwecks

[1] Hausbrand, Zur Revision des Vereinszollgesetzes, Zeitschrift Bd. VII, S. 17.

[2] A. M. Hoffmann, Die Haftung des Zollgutes, Zeitschrift Bd. I, S. 71. Nach ihm soll der öffentliche Verkauf zu nichts weiter dienen, als eine Person zu finden, die bereit ist, den Zollanspruch des Staates gegen sich zu begründen. Gegen ihn Kunckel, Zeitschrift Bd. II, S. 35.

[3] Vgl. Greiner, Nochmals die Zollpflicht, Zeitschrift Bd. VII, S. 89.

leichteren Verkaufs in eine zollfreie oder eine mit einem niedrigeren Zollsatze belegte Ware umzuwandeln. Nur aus der Anstaltsgewalt, in die die Waren mit der Niederlegung geraten, lassen sich diese Befugnisse erklären, und sie lassen sich daher nicht ausdehnen auf die Fälle, wo eine solche Gewalt nicht begründet ist. Eine ganz andere Frage ist aber die, daß die Zollbehörde in der Lage ist, jederzeit Güter, über die nicht verfügt wird, durch irgend einen Spediteur zur öffentlichen Niederlegung deklarieren zu lassen und damit die Anstaltsgewalt und deren Ausfluß, das eventuelle Verkaufsrecht, zu schaffen (§ 2 Niederlageregulativ).

b) Nach § 157 VZG. unterliegen zollpflichtige Gegenstände, welche im Grenzbezirke gefunden werden, der Beschlagnahme durch die Zollbehörde, falls der Eigentümer sich nicht meldet und nachweist, daß sie entweder nicht eingeführt oder schon verzollt sind. Die danach in Beschlag genommenen Gegenstände sind gemäß § 104 VZG. öffentlich zu verkaufen. Obwohl sowohl Abs. 1 wie Abs. 2 des § 104 angezogen sind, wird man das nicht so zu verstehen haben, daß die Fundsachen erst ein Jahr bei unbekanntem, fünf Jahre bei bekanntem Verlierer aufzubewahren seien, vielmehr das Zitat nur auf die verschiedene Art der Aufforderung zur Abholung und das Verfahren mit Verkauf und Erlös beziehen dürfen. Damit ergibt sich einerseits die Verwandtschaft der in § 157 VZG. geordneten zollbehördlichen Verkaufsbefugnis mit derjenigen, die einer Behörde allgemein hinsichtlich der in ihren Geschäftsräumen gefundenen Gegenstände gemäß §§ 978ff. BGB. zusteht und die ebenfalls öffentlichrechtlich ist. Andererseits ergibt aber die Stellung des § 157 VZG. in dem XX., mit „Strafbestimmungen“ überschriebenen Abschnitt, daß der Grund des zollbehördlichen Rechts zum Verkaufe im Grenzbezirke gefundener Sachen darin liegt, daß vermutet wird, es sei mit ihnen einen Kontrebande oder Defraude verübt worden. Dann aber stünde dem Staat schon nach §§ 134, 135 VZG. das Recht der Beschlagnahme zu, dessen Ausübung zur Folge haben würde, daß der Staat sich dann in irgend einer Weise der durch die Beschlagnahme zu der seinigen gewordenen Sache wieder entledigen müßte. Diesen strafrechtlichen Gesichtspunkt bringt

§ 157 VZG. zur Geltung, und deshalb versagt er da, wo die Vermutung einer Konfiskation keinen Raum mehr hat, d. h. dann, wenn sich ein Eigentümer meldet, der die Herstammung der Waren aus dem Inlande, also das Fehlen der die Zollpflicht begründenden Einfuhr, oder die Verzollung der Waren nachweist. Erkennt man aber an, daß diese gefundenen Gegenstände um der vermuteten Defraude willen beschlagnahmt werden, so wird man der mit ihnen vorgenommenen Beschlagnahme die in § 156 VZG. ausgesprochene Wirkung zollstrafrechtlicher Beschlagnahme zubilligen müssen: der Staat gilt vom Moment der Beschlagnahme an als Eigentümer der Fundsachen, die er mit einer Zollschuld belastet erwirbt; verkauft er sie oder vernichtet er sie mangels ausreichenden Verkaufserlöses, so ist es seine Sache, mit der er also verfährt, aus einem schon vorher erworbenen Vollrechte heraus.

b) Diese beiden Fälle des Verkaufs eines Zollguts sind die einzigen, die das VZG. angeordnet hat. Da im ersteren Falle anstaltsrechtliche, im zweiten Falle strafrechtliche Gesichtspunkte entscheidend sind, so erhellt, daß sie nicht geeignet sind, als Folgerungen aus einem allgemeinen Prinzip angesehen zu werden, das dahin lautete: „Der im Gewahrsam des Zollguts befindliche Staat ist dem Eigentümer des Zollguts gegenüber kraft öffentlichen Rechts befugt, die über die Grenze eingebrachte zollpflichtige Ware zum öffentlichen Verkaufe zu bringen, wenn über sie vom Verfügungsberechtigten nicht verfügt, wenn also weder ein Antrag auf Abfertigung zur Wiederausfuhr, noch ein sonstiger Antrag zur weiteren Abfertigung gestellt wird.“[1] Dieser Grundsatz ist vielmehr weder ausdrücklich noch stillschweigend durch Zulassung irgendwelcher Konsequenzen aus ihm im Vereinszollgesetz anerkannt, es sei denn, daß etwa die beiden im § 14 VZG. geordneten Befugnisse des Staates an der Ware, das Recht der Zurückbehaltung und der Beschlagnahme, eine solche Verkaufsbefugnis notwendig umfaßten. Aber dies ist nicht der Fall.

---

[1] Dieses Prinzip wird anerkannt von Hoffmann (Zeitschrift Bd. I S. 70); Kunckel (Zeitschrift Bd. II, S. 37); Hausbrand (a. a. O. Zeitschrift Bd. III, S. 2).

Das Zurückbehaltungsrecht ist im Privatrecht als fest ausgeprägtes Rechtsinstitut anerkannt und bedeutet hier das Recht eines Schuldners, eine (privatrechtliche) Leistung bis zur Bewirkung der (privatrechtlichen) Gegenleistung zu verweigern, wenn Anspruch und Gegenanspruch auf demselben rechtlichen Verhältnisse beruhen.[1] Im Handelsrecht wird es auf bewegliche Sachen und Wertpapiere eingeschränkt[2] und das Erfordernis desselben Rechtsverhältnisses als Quelle von Leistung und Gegenleistung durch das Erfordernis eines zwischen zwei Kaufleuten geschlossenen beiderseitigen Handelsgeschäfts ersetzt. Dafür aber wird dem Rechte die Befugnis zur Befriedigung aus der zurückbehaltenen Sache hinzugefügt, sobald diese durch einen vollstreckbaren Titel anerkannt worden ist. Im Falle des § 14 VZG. hat die zurückhaltende Zollbehörde einen Gewahrsam an beweglichen Sachen mit Willen eines Dispositionsberechtigten erlangt und gleichzeitig steht ihr eine Zollforderung zu, deren Erlöschen sie zur Aufgabe jenes Gewahrsams verpflichtet; insofern besteht also Anspruch und Gegenanspruch. Es fehlt aber an jeder Möglichkeit, jenes handelsrechtliche Befriedigungsrecht aus einer zurückgehaltenen Ware auch der Zollbehörde hinsichtlich der zurückgehaltenen Zollgüter zuzusprechen; denn weder sind jene speziellen Voraussetzungen des § 371 HGB. vorhanden, noch ist der Anspruch der Behörde auf Zoll schon fällig und eintreibbar. Sobald Defraudeverdacht, also Fälligkeit der Zollschuld bei bestehendem Gewahrsam der Behörde, vorliegt, ist nicht nach § 14 VZG. zurückzuhalten, sondern nach §§ 135, 156 VZG. zu beschlagnahmen.[3]

Ebensowenig wie aus dem Begriff der Zurückhaltung läßt sich aus dem der Beschlagnahme folgern, daß der Zollbehörde

---

[1] § 273 BGB.; Staudingers Kommentar zum BGB., 3./4. Aufl., Bd. II, S. 93f.

[2] HGB. § 369.

[3] Es kommt hinzu, daß das private Zurückbehaltungsrecht weder im BGB. noch im HGB. (hier ist das bestritten) ein dingliches Recht ist (vgl. Staudinger, Kommentar zum BGB. Bd. III, S. 5; Entscheidungen des Reichsgerichts in Zivilsachen Bd. 51, S. 86), während das Recht des Staates am Zollgute sich bereits als dinglich erwiesen hat. Überdies wäre jenes private Recht mit diesem öffentlichrechtlichen Gebilde ohnehin nur unter Berücksichtigung dieser verschiedenen Natur in Verbindung zu bringen.

ein Verkaufsrecht an Zollgütern zusteht. HAVENSTEIN[1] meint allerdings, die Beschlagnahme nach § 14 VZG. habe die „gewöhnlichen Wirkungen staatlicher Beschlagnahmen“, d. h. sie begründe „für den Fiskus zur Sicherung seiner Forderung ein Zurückbehaltungsrecht mit den Wirkungen eines Faustpfandrechts (§ 49 KO.), das zugleich dem Schutz des § 137 StrGB. untersteht“. Dem Faustpfandrecht aber ist die Möglichkeit einer Befriedigung durch Verkauf des Pfandes wesentlich. Allein eine nähere Betrachtung der staatlichen Maßnahmen, die unsere Gesetzgebung mit der Bezeichnung der Beschlagnahme belegt, zeigt alsbald, daß eine solche „gewöhnliche Wirkung“ staatlicher Beschlagnahmen nicht besteht, daß auch der Schutz des § 137 StrGB., der den Beschlagnahmen wenigstens zuteil wird, nicht ausnahmslos dort besteht, wo von Beschlagnahme gesprochen wird.[2] Als besonderes Rechtsinstitut können die Beschlagnahmen nur im Hinblick darauf bezeichnet und zusammengefaßt werden, daß sie alle auf gesetztem oder ungesetztem Recht beruhende Akte staatlicher Autorität sind, bestimmt unter Verdrängung der privaten Verfügungsgewalt in größerem oder geringerem Maße eine besondere Herrschaft der öffentlichen Gewalt herzustellen.[3] Und wenn man die Wirkungen überblickt, die die einzelnen Gesetze an die Beschlagnahmen knüpfen, so zeigt sich eine so große Mannigfaltigkeit, daß die Notwendigkeit deutlich wird, im einzelnen Falle auf Grund der positiven Rechtsregeln zu erforschen, was Inhalt des Beschlagnahmerechts bilde. Daß das im Falle des § 14 VZG. ein Verkaufsrecht sei, dafür fehlt es an jedem Anhalt. Richtig ist, daß hier zuerst gesagt wird, die Ware „hafte“ für den Zoll. Aber dieser Ausdruck bedeutet nur, daß die Ware in irgendwelcher Hinsicht für die Zollschuld in Anspruch genommen werden könne, nicht aber, daß ihre Verwertung gestattet werde; vielmehr wird als Ausfluß und Erscheinungsform dieser Haftung

---

[1] Zollgesetzgebung, 2. Aufl., S. 19.

[2] Vgl. BINDING, Lehrbuch des Strafrechts, Bd. II, 2, S. 613f. für die Konkursbeschlagnahme.

[3] MOTHES, Die Beschlagnahme nach Wesen, Arten und Wirkungen, S. 1f. a. a. O.

gerade die Beschlagnahme bzw. die Zurückbehaltung genannt. Die einzige Stelle, die von dem Rechte des Staates am Zollgute außerhalb des Vereinszollgesetzes ausdrücklich handelt, ist § 49 Ziffer 1 der Konkursordnung, die für den Konkurs die „Staatskasse wegen öffentlicher Abgaben in Ansehung der zurückbehaltenen oder in Beschlag genommenen zoll- und steuerpflichtigen Sachen“ den Faustpfandgläubigern gleichstellt. Diese Gleichstellung gilt aber nur für den Konkurs und hat auch hierfür nicht die Bedeutung, dem Staate ein Verkaufsrecht zu geben, wenn er es nicht ohnedies kraft seines vor und auch außerhalb des Konkurses bestehenden dinglichen Rechts hat. Denn das Absonderungsrecht nach § 49 KO. bedeutet nur, daß die Zollbehörde die betreffenden Gegenstände ganz ebenso verwerten dürfe, als wenn kein Konkursverfahren bestünde.[1] Sonach bleibt das bereits eingangs erwähnte Ergebnis unerschüttert, daß weder vor noch nach der Beschlagnahme die „Haftung“ des Zollguts ein Recht der Zollbehörde zum Verkaufe desselben zwecks Befriedigung des Abgabenanspruchs in sich schließt, sie bedeutet vielmehr nur das Recht, durch Festhalten des amtlichen Gewahrsams über die Feststellung der zur Zollberechnung nötigen Daten durch Revision hinaus einen indirekten Zwang zur Erfüllung der Zollschuld auszuüben. Niemand, wer es auch sei, kann erreichen, daß der Gewahrsam der Zollbehörde ende, ohne daß der Zoll gezahlt oder die Zollschuld erloschen ist oder die Behörde freiwillig auf Zeit den Gewahrsam aufgibt (§§ 14, 100 VZG.). Ist aber eine fällige Zollschuld vorhanden, z. B. ein gewährter Zollkredit wird zurückgenommen, so steht nichts im Wege, daß die Zollbehörde die für die Zwangsvollstreckung wegen Geldforderungen in Verwaltungssachen allgemein vorgeschriebenen Grundsätze zur Anwendung bringt und sich an den Zollgütern, die nach § 14 VZG. für die Zollschuld haften, im Wege der Vollstreckung ein Pfändungspfandrecht verschafft, das dann die Befugnis zum Verkaufe gibt. Dieses Pfändungspfandrecht aber ist ebensowohl nach seinen formellen wie nach seinen materiellen Voraussetzungen von dem im § 14

---

[1] Petersen-Kleinfeller, Kommentar zur KO., 4. Aufl., S. 260, Anm. 9 zu § 48.

VZG. geordneten staatlichen Rechte durchaus verschieden und unabhängig.[1]

4. Im Anschluß an das soeben besprochene dingliche Recht des Staates, das in der Beschlagnahme von Zollgütern eine seiner wichtigsten Erscheinungsformen hat, ist anhangsweise einer ebenfalls im Vereinszollgesetze geordneten Beschlagnahme zu gedenken, die mit jenem dinglichen Rechte gar nichts zu tun hat, der Beschlagnahme zwecks Sicherung der Konfiskation. Die Rechtsnatur der Konfiskation ist für das Zollstrafrecht dahin zu bestimmen, daß sie einen Teil der dem Defraudanten aufzuerlegenden Strafe, und zwar, da sie in § 135 VZG. an erster Stelle angedroht ist, sogar die Hauptstrafe, bildet.[2] Sobald der Verurteilte nicht Eigentümer der „gepaschten" Gegenstände ist, bedeutet die Konfiskation dem Eigentümer gegenüber keinen Strafakt, sondern einen sein Eigentum aufhebenden Verwaltungsakt.[3] Die Zufügung des Strafübels, die durch die Konfiskation erfolgen soll, ist aber eben Entziehung des Eigentums zugunsten des strafenden Staates; diese geschieht nicht auf Grund eines dem Staate an der Sache zustehenden Rechts, sondern auf Grund eines ihm gegenüber einem Defraudanten zustehenden, subjektiven Strafrechts und hat erst in ihrem Vollzuge die Wirkung, daß ein Recht des Staates an der Sache entsteht. Weil das Recht zur Beschlagnahme einer zu konfiszierenden Sache kein öffentliches dingliches Recht an der Sache ist, so erlischt es, sobald die Sache nach Begehung der Defraude an einen gutgläubigen Dritten veräußert wird. Denn dann kann die Strafe nicht mehr vollzogen werden, da dem Defraudanten durch die Konfiskation keinerlei Rechtsnachteil mehr zugefügt werden kann.[4]

---

[1] Vgl. Greiner, Zeitschrift Bd. VII, S. 89; Bonnenberg, Das Strafverfahren in Zoll- und Steuersachen (Berlin 1893) a. a. O. S. 36.

[2] Löbe, Das deutsche Zollstrafrecht, 3. Aufl., S. 71; Entscheidungen des Reichsgerichts in Strafsachen Bd. XXII, S. 213.

[3] Binding, Handbuch des Strafrechts Bd. I, a. a. O. S. 84f.

[4] Löbe, Das deutsche Zollstrafrecht, 3. Aufl., S. 174, in Verbindung mit S. 74, Entscheidungen des Reichsgerichts in Strafsachen Bd. XXX, S. 413; Hoffmann, Die Haftung des Zollgutes, Zeitschrift Bd. I, S. 69f.; ungenau Behr, Archiv für öffentliches Recht Bd. XIV, S. 188.

Ist der dritte Erwerber bösgläubig und bringt die defraudierten Gegenstände an sich, um den Defraudanten der Bestrafung mit Konfiskation zu entziehen oder ihm die Vorteile seiner Tat zu sichern, so wird er als Begünstiger strafbar, und die Konfiskation der defraudierten Güter ist nach § 40 StrGB. ihm gegenüber auszusprechen, ebenso wie gegenüber dem Defraudanten. Dies ist nötig, damit das Urteil nötigenfalls gegen beide vollstreckt werden kann. Nur wenn aus tatsächlichen Gründen die Konfiskation nicht vollzogen werden kann — Rechtsgründe können hier nicht in Frage kommen, da das in Begünstigungsabsicht geschlossene Verfügungsgeschäft zivilrechtlich als gegen ein gesetzliches Verbot verstoßend nichtig, eine Änderung der Eigentumsverhältnisse, wie sie zur Zeit der Defraude bestanden, nicht eingetreten ist — kann der Defraudant, nicht auch der Begünstiger, gemäß § 155 VZG. zum Ersatz des Wertes der Konfiskate verurteilt werden.

Die Beschlagnahme von Gegenständen, welche der Konfiskation unterliegen, bewirkt sofort Eigentum für den Staat, das nach den Grundsätzen der Zivilgesetze über die Vindikation gegen jeden dritten Besitzer verfolgt werden kann. Mit Rücksicht auf diese Ausdrucksweise des § 156 VZG. nimmt die herrschende Lehre,[1] insbesondere auch das Reichsgericht,[2] an, daß für den Fall, daß die Beschlagnahme vor Rechtskraft des Einziehungsurteils erfolgt, der Staat ein resolutiv bedingtes, zivilrechtliches Eigentum erwirbt, das gleichzeitig den Schutz des § 137 StrGB. genießt, da die Verstrickung bis zu jener Rechtskraft fortdauern soll. Allein diese Konstruktion ist unhaltbar, da die Rechtskraft des Einziehungserkenntnisses keine ungewisse zukünftige Tatsache ist, von der das Fortbestehen einer bestimmten Rechtswirkung abhängig wäre, also dieses Begriffsmerkmal einer zivilrechtlichen Bedingung, der jenes an § 156 und vom Reichsgericht rein zivilistisch gedachte Eigentum allein unterliegen könnte, nicht an sich trägt. Denn das Urteil soll nur deklarieren, daß die Ware zu einer Defraude benutzt worden ist und deshalb der Kon-

---

[1] Havenstein, Zollgesetzgebung, Anm. 2 zu § 156; Löbe, Das deutsche Zollstrafrecht a. a. O.; Mothes, Die Beschlagnahme a. a. O. S. 94.

[2] Besonders in dem Urteile des II. Strafsenats vom 4. Mai 1886 (Entscheidungen in Strafs. Bd. XIV, S. 112 ff.

fiskation unterliegt; es ist selbst nichts Ungewisses, sondern die vom Gesetze stets gewollte Folge des Delikts, und spricht nichts zur Zeit der Beschlagnahme noch Ungewisses aus, sondern stellt klar, daß damals schon die Voraussetzungen der Beschlagnahme bestanden. Es könnte daher nur von Hinzufügung einer condicio in praeteritum collata gesprochen werden oder einer condicio iuris, die beide eigentliche Bedingungen im Sinne des Privatrechts nicht sind. Es kommt hinzu, daß die privatrechtliche Bedingung wesentlich Nebenbestimmung eines privaten Rechtsgeschäfts ist und weder nach dem geltenden bürgerlichen Recht[1] noch im gemeinen Recht,[2] noch im Preußischen Allgemeinen Landrecht,[3] aus dessen Geltungsgebiet die Norm des § 156 VZG. erwachsen ist, ex tunc wirkt, während die Beschlagnahme öffentlichrechtlicher Akt ist und, wenn das Endurteil auf Freisprechung lautet, damit stets ausgesprochen wird, daß die Beschlagnahme niemals Eigentum erzeugt hatte. Kann man demnach das durch eine Beschlagnahme nach § 156 VZG. erzeugte Eigentum des Staates als resolutiv bedingtes nicht bezeichnen, so wird man mit Binding die Vorschrift dahin auszulegen haben, daß bis zur Rechtskraft des über die angebliche Defraude entscheidenden Urteils der Staat als zivilrechtlicher Eigentümer fingiert werde. Diese Fiktion gilt sowohl dem Eigentümer als dem Defraudanten als jedem Dritten gegenüber; sie berechtigt den Staat, über das angebliche Konfiskat auch während der Dauer des Prozesses zu verfügen, verpflichtet ihn, im Falle solcher Verfügung zunächst den Zoll an sich selbst zur Verrechnung zu bringen,[4] falls er vom Zollschuldner nicht anderweit zu erhalten ist, und schließt die Möglichkeit aus, daß der Staat, falls sich später eine Defraude nicht erweisen läßt, jemals auf mehr in Anspruch genommen werden kann, als er selbst aus dem Gegenstande bei ordnungsmäßiger Verwertung erlöst hat. Der Verkauf von Zollkonfiskaten

[1] §§ 159, 158 BGB.

[2] Hier ist dies bestritten, vgl. Dernburg, Pandekten, 7. Aufl., Bd. I, S. 263, Note 10.

[3] Teil I, Titel 4, § 115.

[4] Anweisung zur Ausführung des VZG. Nr. 36 (Zentralbl. f. d. Deutsche Reich 1888, S. 496); vgl. auch Havenstein, Zollgesetzgebung, S. 164.

ist daher stets Verkauf durch den Staat als wirklichen oder vermuteten Eigentümer, weil hier sich die Vermutung des Eigentumsübergangs an die Beschlagnahme knüpft,[1] nicht aber ist das Verkaufsrecht der Ausfluß jeder Beschlagnahme. Im übrigen begründet auch die Beschlagnahme von Zollfiskaten eine „Verstrickung" im Sinne von § 137 StrGB.,[2] deren Berechtigung sich daraus ergibt, daß die Eigentumsvermutung durch das schließlich ergehende Urteil widerlegt werden kann, aber auch aus der Erwägung, daß — falls sie erst nach Rechtskraft des Einziehungsurteils erfolgt — der Vorgang bis zur Ablieferung des Konfiskats in die Hände der endgültig verfügenden Behörde der Beschlagnahme eines Vermögensstücks durch einen Vollstreckungsbeamten vollständig gleichartig ist. Die Verstrickung endet mit Herstellung des Zustandes, der der ausgesprochenen Einziehung entspricht, oder mit dem Untergange der verstrickten Sache; das Recht zur Beschlagnahme dagegen endet mit dem Eintritt der rechtlichen oder tatsächlichen Unmöglichkeit, die Konfiskation zu vollziehen.

III. Man hat das dingliche Recht des Staates am Zollgut bisweilen als öffentlichrechtliches Pfandrecht bezeichnet. Die Betrachtung seines Inhalts hat ergeben, daß es, genau wie das bürgerliche Pfandrecht, ein streng akzessorisches Recht ist, begründet um einer Zollschuld willen, mit der es entsteht und vergeht. Wie jenes bürgerliche Recht ein Recht zum Besitze gibt, so hat die Zollbehörde ein Recht zum Gewahrsam am Zollgute. Dagegen ist das dingliche Zollrecht weiter als das private Pfandrecht, insofern es seinem Inhaber ein Recht zur Einwirkung auf die Sache, zu einer Art Gebrauch also, für den öffentlichen Zweck der Feststellung des Zollbetrags gibt, enger als dieses aber darum, weil in ihm nicht das Recht beschlossen liegt, durch Verkauf der Sache eine Befriedigung für die Zollschuld zu suchen.

---

[1] Immerhin erscheint es kaum zu rechtfertigen, dieser Fiktion des Eigentumsüberganges die Wirkung beizulegen, daß der Eigentümer nun einen Diebstahl an dem beschlagnahmten Zollgute begehen kann. Dies ist aber herrschende Ansicht, vgl. Entscheidungen des Reichsgerichts in Strafs., Bd. XIV, S. 112 ff.

[2] Vgl. Entscheidungen des Reichsgerichts in Strafsachen, Bd. XIV, S. 112 ff.; Mothes, Die Beschlagnahme a. a. O. S. 94.

Demgemäß könnte man es vielleicht für richtiger halten, von einem öffentlichrechtlichen Zurückbehaltungsrechte zu sprechen, da der eine Schwerpunkt des zollbehördlichen Rechts allerdings in der Zurückbehaltung liegt. Aber mit diesem Ausdruck wäre weder das Revisionsrecht irgendwie berührt noch würde damit der dingliche Charakter unseres Rechts zum Ausdruck gebracht, da das Zurückbehaltungsrecht des Privatrechts nach herrschender Lehre kein dingliches Recht ist. Bei dem Rechte des Staates am Zollgut handelt es sich eben um ein eigentümliches öffentlichrechtliches dingliches Recht,[1] für das sich im Privatrecht keine Parallele findet, wenn es auch — abgesehen von dem ihm mangelnden Verkaufsrechte — mit dem privaten Faustpfandrechte noch die meiste Ähnlichkeit hat. Dies wird auch eine Betrachtung der privatrechtlichen Nebenwirkungen lehren, die die Begründung und Geltendmachung des staatlichen dinglichen Rechts am Zollgute notwendig haben muß, da es dieses Gut selbst in der Privatrechtssphäre beläßt.

§ 8.

Die privatrechtlichen Nebenwirkungen des staatlichen Rechts am Zollgute.

I. Da das staatliche Recht am Zollgute öffentlichen Rechts ist, so läßt es grundsätzlich die an dem Gute bestehenden Privatrechte unberührt,[2] soweit dies mit dem Zweck und Inhalte jenes Rechts, die Feststellung und Erfüllung der Zollschuld zu sichern, vereinbar ist. Unberührt bleibt daher das Eigentum am Zollgute. Eigentümer bleibt, wer es zu der Zeit war, als das Gut über die Grenze gebracht wurde, auch wenn nachmals nach § 14 VZG.

---

[1] Anders im französischen Recht, wo das ganze Rechtsverhältnis zwischen dem Staat und demjenigen, von welchem der Zoll gefordert wird, zivilrechtlich aufgefaßt wird (Mayer, Theorie des französischen Verwaltungsrechts, S. 401). Die Warenhaftung ist Pfandhaftung nach Ducroq, Cours de Droit Administratif (Paris 1904), wo es Tome Vième, S. 498 f. heißt: „La créance de l'Etat est garantie . . . 2° sur les objets saisis et déposés dans les bureaux de la douane par le droit de gage, résultant de l'article 2073 du Code Civil, au titre du Nantissement."

[2] Hoffmann, Die Haftung des Zollgutes, Zeitschrift, Bd. I, S. 69.

die Beschlagnahme erfolgt. Er kann sein Eigentum weiter übertragen, ohne daß ihn die Zollbehörde hindern kann. Hat sie ausschließlichen Gewahrsam an der Sache, so kann die Veräußerung nicht gemäß § 929 Satz 1 BGB. durch deren Übergabe erfolgen. Da aber in diesem Falle der Staat stets zugleich mittelbarer Besitzer im Sinne von § 868 BGB. ist, so steht nichts entgegen, daß die Übertragung gemäß § 931 BGB. durch Abtretung des Herausgabeanspruchs erfolgt. Dieser Anspruch auf Herausgabe kann erst geltend gemacht werden, wenn das Gewahrsams- und damit das Besitzrecht des Staates ein Ende nimmt, d. h. regelmäßig erst nach Zahlung, Verjährung oder Erlaß der Zollschuld. Verzichtet dagegen die Zollbehörde vorher auf den Gewahrsam und damit auf den Besitz,[1] so hat der Erwerber auch schon vorher ein Recht darauf, daß ihm das Zollgut herausgegeben werde. Dieses Recht geht gegen den zeitherigen Eigentümer, es sei denn, daß die Zollbehörde gemäß §§ 409, 410 BGB. von der Abtretung in Kenntnis gesetzt worden ist. Berechtigt ein ihrem Gewahrsam unterstehendes Zollgut herauszugeben ist dagegen auch ohne solche Anzeige die Verwaltung einer öffentlichen Niederlage dem Präsentanten des Niederlagescheins gegenüber.

Ist sonach die privatrechtliche Verkehrsfähigkeit des Zollguts nicht aufgehoben, so ist sie doch insofern beschränkt, als das dingliche Recht des Staates durch keinerlei Verfügung eines Privaten vernichtet werden kann. Unanwendbar sind insbesondere die Regeln des Zivilrechts, wonach ein beschränktes dingliches Recht dadurch erlischt, daß ein gutgläubiger Dritter das Eigentum an der Sache erwirbt (vgl. §§ 932, 936 BGB., § 366 HGB.). Denn einmal bezieht sich der gute Glaube im Sinne dieser Vorschriften darauf, daß der Erwerber überzeugt ist, ein von privatrechtlichen Belastungen freies Eigentum zu erwerben. Sodann aber kommt auf die Kenntnis des Inhabers der zollpflichtigen Ware von dem Bestehen oder Nichtbestehen des staatlichen Zollrechts gar nichts an, dasselbe tritt kraft Gesetzes mit der

[1] Dies ist zulässig, bedeutet aber nicht Verzicht auf das dingliche Recht. Letzterer wäre ein teilweiser Zollerlaß und ist daher nur beschränkt gestattet (vgl. oben S. 62ff.).

Entstehung der Zollschuld in Wirksamkeit und bleibt solange bestehen, als die Zollschuld dauert.[1] Das dingliche Recht am Zollgute hat aber nicht die Bedeutung, daß nun der jeweilige Inhaber des Gutes dem Staate gegenüber zur Zahlung der Zollschuld verpflichtet wäre; so wenig sich der Staat aus dem Zollgute befriedigen kann, ohne daß er es im Vollstreckungsverfahren zu diesem Zwecke mit Beschlag belegt, (wobei natürlich Voraussetzung ist, daß Zollschuldner und Eigentümer des Zollgutes noch identisch sind), so wenig kann er auch gegen den jeweiligen Eigentümer des Gutes seine Abgabenforderung im Wege der Zwangsvollstreckung geltend machen,[2] wenn dieser nicht zugleich Zollschuldner ist. Bei dem eben besprochenen gutgläubigen Erwerbe ist er es niemals.

II. Die am Zollgute bestehenden beschränkten dinglichen Privatrechte erleiden ebenfalls durch das Entstehen des staatlichen dinglichen Zollrechts grundsätzlich keine Einbuße. Soweit sie freilich ein Recht zum Besitze geben, werden auch sie dann getroffen, wenn der Staat sein Zurückbehaltungs- oder Beschlagnahmerecht ausübt. Ein etwa bestehender Nießbrauch wird für diesen Fall sogar vollständig entwertet, da auch die Früchte, die das Zollgut während des Gewahrsams bringt, Gegenstände des staatlichen Rechts sind und im Gewahrsam der Behörde verbleiben müssen; ihre Herausgabe kann vom Bezugsberechtigten nicht verlangt werden, solange die Zollschuld noch besteht. Die am Zollgute bestehenden gesetzlichen oder vertragsmäßigen Pfandrechte versagen dem staatlichen dinglichen Rechte gegenüber ebenfalls, soweit sie Rechte zum Besitz und zum Gebrauche enthalten (§§ 1205 ff., 1213 BGB.). Auch die Verkaufsberechtigung wird illusorisch gemacht, da auch der Pfandgläubiger nach § 14 VZG. nicht die Herausgabe des Zollgutes aus dem staatlichen Gewahrsam verlangen kann; hier wirkt das staatliche Recht genau so, als ob der Staat ein dem verkaufsberechtigten Pfandgläubiger im Range vorgehender Pfandgläubiger sei

---

[1] Hoffmann, Die Haftung des Zollgutes, Zeitschrift Bd. I, S. 69 f.

[2] Wäre die Zollschuld dinglich in dem Sinne, daß der jeweilige Inhaber des Zollgutes Zollschuldner wäre, so würde sich das gegenteilige Resultat ergeben.

(§ 1232 BGB.). Ist aber der Staat nicht im Gewahrsam der Sache oder gestattet er den Verkauf, so verschafft auch der Erwerb in der öffentlichen Versteigerung dem Käufer der Sache kein dem Zugriffe der Zollbehörde absolut entzogenes Eigentum; denn durch die rechtmäßige Versteigerung erlangt der Erwerber nur die Rechte, die er hätte, wenn er die Sache vom Eigentümer erworben hätte, und erlöschen nur private Rechte an der Sache (§ 1242 BGB.)[1] Ebensowenig aber wie ein bestehendes Pfandrecht die Entstehung und Fortdauer des staatlichen Rechts am Zollgute beeinflussen könnte, kann dieses umgekehrt die Begründung eines vertragsmäßigen oder gesetzlichen Pfandrechts hindern. Hat der Verpfänder den Besitz oder Mitbesitz, so ist außer der Einigung Übergabe der Sache oder Einräumung des Mitbesitzes erforderlich (§ 1205 Abs. 1, § 1206 BGB.). Hat dagegen die Zollbehörde ausschließlichen Gewahrsam, so daß der Verpfänder nur mittelbaren Besitz hat, so muß zu der Übertragung dieses mittelbaren Besitzes auf den Pfandgläubiger noch die Anzeige an die Zollbehörde hinzukommen, damit die Verpfändung gültig sei. Ebenso ist die Bestellung eines Nießbrauchs an einem dem dinglichen Zollrechte unterliegenden Zollgute, mag es im Gewahrsam der Zollbehörde sein oder nicht, durchaus möglich; nur besteht, solange das Recht der Zollbehörde auf Gewahrsam dauert, kein Recht gegen sie auf Herausgabe der laufenden Nutzungen.

Wiederum, wie im Falle des Eigentumswechsels während bestehenden Gewahrsams der Zollbehörde, taucht die Frage auf, ob sie im Falle der Endigung ihres Rechts verpflichtet ist, bei der Rückgabe auf die inzwischen eingetretene Rechtsänderung Rücksicht zu nehmen oder ob sie ihrer Pflicht genügt, wenn sie schlechthin die Sache demjenigen, dem sie weggenommen oder der sie ihr überliefert hat, bzw. dessen Universalrechtsnachfolger

[1] Anders natürlich, wenn die Zollbehörde selbst gemäß § 104 VZG. das Gut zur Versteigerung bringt. Denn da ist sie in ihrer Eigenschaft als Niederlageverwaltung Schuldnerin des Zollfiskus, wie oben dargetan; soweit also eine Nachforderung von Zoll nötig wäre, müßten die Kassen ihre Ansprüche gegeneinander geltend machen. Daher hat in diesem Falle der Erwerber freies Eigentum erworben und ist das staatliche Recht am Zollgut erloschen.

zurückgibt. Man wird sich für die erstere Alternative zu entscheiden haben, sofern der Behörde die eingetretene Rechtsänderung bekannt geworden ist. Ist sie über die Wirksamkeit der ihr angezeigten Rechtsänderung etwa zufolge eines zwischen den Parteien ausgebrochenen Streites darüber zweifelhaft, weiß sie also nicht, zu wessen Gunsten sie ihren Gewahrsam aufzugeben hat, so befindet sie sich in der gleichen Lage, wie ein aus einem privatrechtlichen Schuldverhältnisse verpflichteter Schuldner, der in einer nicht auf Fahrlässigkeit beruhenden Ungewißheit über die Persönlichkeit des Gläubigers seine Verbindlichkeit nicht mit Sicherheit erfüllen kann. Demgemäß wird man ihr auch die Berechtigung zur Hinterlegung oder zum Selbsthilfeverkauf zubilligen müssen. Wiewohl die Rückgabeverpflichtung der Zollbehörde öffentlichen Rechts ist, so deckt sie sich doch inhaltlich mit einer aus privatrechtlichem Schuldverhältnisse entspringenden Rückgabepflicht, und es darf daher das Privatrecht insoweit als Ergänzung des öffentlichen Rechts dienen, als dieses keine besonderen Vorschriften enthält.[1]

III. In diesem Zusammenhange ist auch zu fragen, wie die Verpflichtungen zu beurteilen sind, die der Zollbehörde durch Geltendmachung ihres Gewahrsams erwachsen können. Dieser Gewahrsam steht ihr nur zu, um die Feststellung und die Sicherung der Zollschuld zu gewährleisten und durch Entziehung des unmittelbaren Besitzes des Zollgutes die Zahlung der Schuld erzwingen zu helfen. Darüber hinaus darf die Zollbehörde keinerlei Einfluß auf das Gut ausüben, muß sie sich in die Lage versetzen, das Gut unversehrt zurückgeben zu können. Der Eingriff, den sich der Zollschuldner gefallen lassen muß, ist lediglich die Gewahrsamsentziehung durch den Staat; nur diese Last ist ihm durch das Gesetz auferlegt. Daraus folgt, daß der Staat das in Beschlag genommene Gut so verwahren muß, daß den daran Berechtigten kein weiterer Schaden erwachsen kann. Er muß daher die nötigen Räume zur Aufbewahrung stellen und für ihre Instandhaltung sorgen, muß die Sachen mit aller Sorgfalt so verwahren bzw. Dritten so in Verwahrung geben, daß sie nicht zu-

[1] Vgl. Wach, Handbuch des deutschen Zivilprozeßrechts a. a. O. S. 90.

grunde gehen können. Er steht zu den in Zollgewahrsam befindlichen Sachen nicht anders, wie ein privatrechtlicher Verwahrer, der kein Entgelt empfängt (§ 690 BGB.). Es gilt demnach auch für ihn der Satz, daß er für die Sorgfalt einzustehen hat, die er in eigenen Sachen anzuwenden pflegt. Das bedeutet aber hier, wo es sich um eine öffentlichrechtliche Verwahrung handelt, nichts anderes als die Verpflichtung zur Anwendung aller Sorgfalt; denn die Staatsgeschäfte sind alle mit der größtmöglichen Sorgfalt zu führen. Wird diese Sorgfaltspflicht durch einen Beamten verletzt, so ist das stets eine Verletzung einer dem Beamten einem Dritten gegenüber obliegenden Amtspflicht und verpflichtet den Beamten zum Schadenersatze nach § 839 BGB. Gleichzeitig aber wird eine solche Verletzung stets als eine mit dem gesetzlich dem Staate zugesprochenen Gewahrsamsrechte nicht in Einklang stehende Ausübung hoheitlicher Gewalt aufzufassen sein und deshalb eine privatrechtliche Haftung des Staates für den Schaden begründen, sofern eine solche landesrechtlich besteht (vgl. Art. 77 des EG. zum BGB.). Alle diese Verpflichtungen des Staates und die ihnen entsprechenden Rechte des einzelnen werden allgemein als privatrechtliche bezeichnet.[1] Wie schon oben für die in öffentlichen Niederlagen verwahrten Güter dargetan wurde, ist auch für die in Zollschuppen oder sonstigen Revisionsräumen befindlichen Güter festzustellen, daß ihre Beschädigung usw. jedenfalls einen privatrechtlichen Schadenersatzanspruch gegenüber dem Beamten gibt. Soweit aber dem Berechtigten zufolge der Geltendmachung des staatlichen Rechts am Zollgute ein Schaden erwächst, der über die Besitzentziehung hinausgeht und der nicht entstanden sein würde ohne den staatlichen Eingriff, soweit besteht auch eine öffentlichrechtliche Entschädigungspflicht des Staates.[2] Für diese ist das Privatrecht verwertbar, soweit das öffentliche Recht nicht eigene Normen hat und die Entschädigungspflicht inhaltlich mit einer kontraktlichen oder delik-

---

[1] So Behr, Zeitschrift Bd. VI, S. 5; Stephany, Die Haftung des Eisenbahn-, Post- und Zollfiskus usw., Zeitschrift Bd. IV, S. 196; Reichsgericht, Entsch. in Zivils., Bd. XLVIII, S. 255 und Bd. LXVII, S. 336; Ann. d. Kgl. Sächs. Oberlandesgerichts, Bd. XV, S. 146 ff.

[2] Hoffmann, Die Haftung des Zollgutes, Zeitschrift Bd. I, S. 75.

tischen Schadenersatzpflicht übereinstimmt. Das ändert aber nichts an der öffentlichrechtlichen Natur dieser Ansprüche. Gegen diese Natur kann man nicht etwa einwenden, daß die Ansprüche ja nur bei Gelegenheit der Ausübung des hoheitlichen Staatsrechts erwüchsen, selbst aber ungewollt seien.[1] Denn es genügt, daß die Ausübung des staatlichen Rechts für den Schaden kausal ist, um die Ersatzpflicht als Ausfluß der obrigkeitlichen Stellung des Staates erscheinen zu lassen; als Inhaber von Abfertigungsräumen und Zollböden erscheint stets der Träger der Finanzgewalt, der die Verbringung der Ware dorthin befiehlt. Auch wenn die Behörde zur einstweiligen Unterbringung der beschlagnahmten Güter Privaträume unter Verschluß nimmt und diese nicht genügen, bleibt dem von der Beschlagnahme Betroffenen sie allein zu öffentlichrechtlicher Entschädigung verhaftet.

IV. Schließlich sind noch die Ansprüche zu erwähnen, die aus Anlaß der Begründung und Tilgung einer Zollschuld zwischen zwei beteiligten Privaten entstehen können. Sie können mannigfacher Art sein, gehören aber alle ausschließlich dem Privatrechte an. Besonders wichtig und häufig ist der Fall, daß ein Frachtführer die Zollgefälle entrichtet hat. Er hat die Ware eingeführt und gestellt, hat die Abfertigung beantragt und durch Tilgung der Zollschuld die Ware von jeder Belastung zugunsten des Zollfiskus frei gemacht. Dem Staate gegenüber ist nur er Zollschuldner gewesen. Gegenüber dem Absender aber erscheinen die vom Frachtführer entrichteten Zollgefälle als Auslagen; deshalb erstreckt sich des letzteren gesetzliches Pfandrecht auch auf sie (§ 440 HGB., vgl. für das Seefrachtgeschäft §§ 623, 614 HGB.). Daraus, daß in diesen Fällen ein auf selbständigem Rechtsgrunde, nämlich dem Frachtvertrage, beruhendes Pfandrecht für verlegte

[1] So Stephany, Zeitschrift, Bd. IV, S. 196. — S. 197 gelangt Stephany zufolge seiner zivilistischen Konstruktion zu der Ansicht, daß der Zollfiskus für Schäden, die die im Eisenbahnzollschuppen, in Zoll- und Revisionsschuppen untergebrachten Zollgüter erleiden, überhaupt nicht hafte, wohl aber für Postsendungen (hinsichtlich der Eisenbahnzollschuppen a. M. noch neuestens Reichsgericht, Entsch. in Zivils. Bd. LXVII, S. 336 ff.). — Umgekehrt sind auch Verwendungen des Staates auf die Sache nicht erstattungsfähig, da sie in Ausübung eines staatlichen Hoheitsrechts gemacht sind (vgl. § 10 VZG.).

Zölle gesetzlich gegeben wird, ist zu folgern, daß ohne solche Bestimmung ein Eintritt in irgendwelche dingliche Rechtsbeziehungen zu der Sache nicht stattfindet, wenn jemand freiwillig oder vertragsmäßig fremde Zollschulden zahlt. Zu dem gleichen Ergebnis kommt man, wenn man anerkennt, daß das dingliche Recht des Staates an der Sache öffentlichen Rechts ist, daher bei seinem Träger voraussetzt, daß er Inhaber öffentlicher Gewalt ist. Überdies wäre ein Recht, dessen Inhalt, nachdem die der Zahlung notwendig voraufgegangene Feststellung des Zollbetrags erfolgt ist, nur noch ein die übrigen Berechtigten ausschließender Gewahrsam bilden könnte, privatrechtlich nur als Zurückbehaltungsrecht denkbar. Sind aber dessen Voraussetzungen — Besitz der Ware durch denjenigen, der den Zoll bezahlt hat, und Ersatzanspruch desselben nach § 670 oder §§ 683, 679 verbunden mit § 273 BGB. — gegeben, so ist es als selbständig aus zivilrechtlichen Gesicthspunkten herzuleitendes Recht begründet, sofern dem Zollschuldner ein Anspruch auf Herausgabe der Sache zusteht.[1] Besondere Erwägung verdient der Fall, daß jemand seine eigene Sache aus dem staatlichen Gewahrsam durch Zahlung fremder Zollschuld zurückgewinnt. Er hat bereits dem Reichsgericht[2] zur Entscheidung vorgelegen, und zwar hatte da ein Pfandgläubiger den Zoll für den Zollschuldner bezahlt, um sich aus dem Zollgute befriedigen zu können, und nachmals den bezahlten Betrag in dem inzwischen ausgebrochenen Konkurse des Zollschuldners mit dem Vorrechte des § 61 Nr. 2 KO. angemeldet. Dem Bestreiten des Verwalters gegenüber hat das Reichsgericht der Ersatzforderung des Pfandgläubigers das beanspruchte Vorrecht zugesprochen mit der Begründung, daß alle wesentlichen Erfordernisse eines Pfandrechts in Ansehung der gemäß § 14 VZG. beschlagnahmten Zollgüter in dem Rechte des Staates enthalten seien und daß daher, selbst wenn man Bedenken trage, das fiskalische Recht unter den Begriff des gesetzlichen Pfandrechts zu bringen, die ratio legis die

---

[1] Es wäre daher insoweit ein Übergang des staatlichen Rechts wertlos.

[2] Entscheidungen in Zivilsachen Bd. LXVII, S. 215—221 (Urteil des VII. Zivilsenats vom 13. Dezember 1907).

Anwendung der §§ 1249, 268 Abs. 3, 401, 412 BGB., welche das Konkursprivileg auf den Pfandgläubiger übergehen lassen, rechtfertige. Allein wenn es richtig ist, daß das Verkaufsrecht an den gemäß § 14 VZG. beschlagnahmten Zollgütern dem Staate nicht zusteht, so fehlt seinem Rechte ein wesentliches Merkmal des Pfandrechts; dasjenige, was der Pfandgläubiger im oben gedachten Falle verlor durch das Beschlagnahmerecht des Staates, war nur der unmittelbare Besitz und damit die sofortige Möglichkeit des Pfandverkaufs. Sein Recht wird also nicht so stark entwertet, als dies in den im § 1249 und 268 BGB. gedachten Fällen geschieht. Etwa unmittelbar in der Ausübung der staatlichen Beschlagnahme eine „drohende Zwangsvollstreckung" im Sinne von § 268 BGB. zu erblicken, geht ebenfalls nicht an. Wenn daher ein an dem Zollgute dinglich Berechtigter die Zollforderung des Staates tilgt, um so den Besitz des Gutes zu erlangen, so geht diese staatliche Zollforderung nicht auf ihn über, sondern erlischt. Er kann daher auch das mit ihr verbundene Vorrecht nach § 61 Ziffer 2 KO. nicht erwerben, vielmehr steht ihm nur ein Ersatzanspruch gegen den Zollschuldner gemäß § 679 BGB. zu, der im Konkurse des letzteren nicht bevorrechtigt ist.

V. Es ist nunmehr abschließend zu erwägen, inwieweit man die Haftung der zollpflichtigen Ware für die Zollschuld als eine pfandrechtliche bezeichnen kann.[1] Die bisherigen Erörterungen haben gezeigt, daß das staatliche Recht am Zollgute dem privaten Pfandrechte darin gleicht, daß es dient zur Sicherung der Feststellung und Entrichtung einer persönlichen Schuld, mit der es entsteht und vergeht, daß es dem Staate ein Recht auf Besitz und Gewahrsam verleiht. Es unterscheidet sich aber von einem Pfandrechte dadurch, daß es dem Staate kein Recht gibt, sich durch Verkauf des Zollgutes für seine Forderungen zu befriedigen, daß es im Range vor allen an der Sache sonst bestehenden Rechten steht und daß es die Sache, soweit seine Wirksam-

---

[1] Behr, Zollpflicht und freier Verkehr, Archiv für öffentliches Recht Bd. XIV, S. 191; Havenstein, Zollgesetzgebung S. 19; Entscheidungen des Reichsgerichts in Zivilsachen Bd. LXVII, S. 219.

keit reicht, in einen Rechtsnexus stellt, in dem der Staat als Träger der Finanzgewalt die Rechte an der Sache ordnet und als solcher für seine Zwecke ohne Rücksicht auf diese Rechte mit der Sache schaltet und waltet. Dieses staatliche Sachenrecht bleibt öffentlichrechtlich, wo immer es mit Privatrechten zusammenstößt,[1] sein Inhalt und seine Wirkungen, insbesondere auch im Konkurse des Zollschuldners (§ 49 Ziffer 1 KO.), bestimmen sich, wie dargetan, stets nach öffentlichem Recht. Es ist daher die Unterstellung des durch Beschlagnahme nach § 14 VZG. erzeugten Rechtszustandes unter die gesetzlichen Pfandrechte des § 1257 BGB. zwecklos und unzutreffend. Dem Gesetzgeber[2] selbst hat dies auch völlig ferngelegen, da er in den Motiven zum Einführungsgesetze zum BGB. ausdrücklich erklärt: „Es wäre nicht unbedenklich, das Verhältnis des Staates... rücksichtlich der wegen des Zoll- und Steuerinteresses nach den bestehenden öffentlichrechtlichen Vorschriften in amtlicher Verwahrung befindlichen Gegenstände durch Bezeichnung jenes Vorrechts als gesetzlichen Pfandrechts den Vorschriften über das Pfandrecht zu unterstellen." Verbietet aber der öffentlichrechtliche Inhalt des staatlichen Rechts an zollpflichtigen Gegenständen sowohl vor wie nach der Beschlagnahme seine Gleichstellung mit einem Pfandrechte, so ist auch die Bezeichnung des „Zollpfandrechts" dafür als leicht irreführend nicht zu empfehlen; es besteht eben ein eigentümliches öffentliches Recht des Zollfiskus am Zollgute.

[1] Vgl. auch O. Mayer, Deutsches Verwaltungsrecht Bd. I. S. 111.

[2] Vgl. Entwurf eines Einführungsgesetzes zum Bürgerlichen Gesetzbuch für das Deutsche Reich. Nebst Motiven. Amtliche Ausgabe. Berlin 1888, S. 112. Dazu Entscheidungen des Reichsgerichts in Zivilsachen, Bd. LXVII, S. 219f. — Dagegen rechnet Staudinger, Kommentar z. BGB., 3./4. Auflage, Bd. III, S. 894 a. a. O. das Recht des Staats am beschlagnahmten Zollgute zu den gesetzlichen Pfandrechten.

Druck von Metzger & Wittig in Leipzig.

FSC
www.fsc.org
MIX
Papier | Fördert gute Waldnutzung
FSC® C083411

Kolibri 360 GmbH
Ferdinand-Jühlke-Straße 7
99095 Erfurt, Deutschland
produktsicherheit@kolibri360.de